算数科授業
サポート
BOOKS

明治図書

若手教師のための算数指導66の教養

福岡教育大学学長 飯田 慎司

「0」を教えていないのに
「10」を教えていいの？
（1年・10までのかず）

0？
10？

ストローでつくる
三角形で導入するよさとは？
（3年・三角形と角）

柱状グラフは
棒グラフとどこが違うの？
（6年・記録の整理）

JN021606

はじめに

　本書を執筆するにあたっては，小学校 1 年から 6 年までの算数科の指導内容に応じて，若手教師に向けた算数指導にかかわる教養を選んで，できるだけ具体的にお話しすることを心がけました。

　低学年から高学年まで順に読んでいかなくても，今年度に担当している学年の部分だけをお読みいただいてもよいと思います。しかしながら，興味が湧いてくると，そのテーマにかかわる他の学年のページも読んでみてください。特に，若い先生方には，そのような読み方を期待しています。

　算数は，奥が深くて，教えるのは簡単ではありませんが，指導内容のつながりがわかってくれば，教えるのが楽しくなってくる，そして，子どもたちの考える力がついてくるのがうれしくなってくる，そんな教科だと思います。

　本書でお話ししてきた内容は，算数教育を専門とする研究者や実践家にとっては，当たり前のことばかりであり，新しい情報は少なかったと言われるかもしれません。読者の皆様にも，いろいろな立場があるわけですから，そのようなご意見はもっともなことだと思います。

　しかしながら，教員養成に携わる立場から見ておりますと，新卒 3 年目ぐらいまでの若い先生方にとっては，その当たり前のことが，実は当たり前ではなかったということが決して少なくないように思います。

　それは，教員養成段階の算数教育が，十分な成果を挙げているとはいえないのではないかと思うからです。また，新卒で赴任する小学校においても，算数指導を基礎から学べる状況にはなく，学級担任としての実務的な作業に追われ，算数教育の基礎的な知識を獲得することもできないだろうと思うからでもあります。

このような状況では，算数教育において大切なことであれば，指導的立場にある研究者や実践家が，できるだけ平易な言葉で次の世代に語り継ぎ，わが国の算数教育を絶えず進化させ続ける努力が求められると考えます。そのような思いから，本書は，特に新卒3年目ぐらいまでの若い先生方に語りかけるような形にさせていただきました。

　私の大学院生時代の指導教官であった平林一榮先生は，
「簡単なことを難しく書く研究者が多すぎる。難しいことでも大切なことを易しく語る研究者になりなさい」
とおっしゃっていました。
　この教えを心がけながら，本書を執筆してきたつもりです。また，66個の話題の随所に，平林先生お気に入りの「数学的シツエーション」が必然的に入ってくることになりました。
　そして，この数十年間，算数教育について一緒に研究させていただいたのが，もうお一人の指導教官でした中原忠男先生です。本書の中にもたびたび登場しているのが，学習者としての子どもの立場で算数を創っていくという，構成的アプローチの視点です。この場をお借りして，私を算数教育研究の世界に招き入れてくださった先生方に，心から感謝したいと思います。

　読者の皆様の算数指導に少しでも参考となる点があれば幸いです。

福岡教育大学学長

飯田　慎司

Contents

3年

4年

5年

6年

「0」を教えていないのに「10」を教えていいの？

> 単元「10までのかず」で「10」を教えますが，「0というかず」の学習は，その後になっています。「10」という数字の中に「0」という数字があるのに，これでいいのでしょうか？

　1年生の算数で，「10」の学習の前に，存在の無としての「0」を教えている教科書は1社もありません。「10」という数は，十の位が1個で一の位が0個だから，十進位取り記数法（略して十進法）に当てはめると，「10」と表す理由もわかるので，「10」を教える前に，存在の無としての「0」を教えるべきではないかと考えた方はおられないでしょうか？

　実は，この議論には，子どもに考えさせるべき知識（**論理－数学的知識**）と，教師が教えるべき知識（**社会的知識**）（カミイら，1987，*pp.*15-17）という知識の区別がかかわっています。集合数としての「10」の概念自体は，学校の花壇に咲いたチューリップなどの写真の上にブロックなどを置いて，具体物の個数を半具体物の個数に置き換えて抽象化していきます。この過程は，1年生に，具体的操作活動を通して，しっかりと考えさせていくべきものです。**10まで数えることができることと，「10」の概念が得られていることとは，イコールではない**のです。

　この具体的操作活動で大切なことは，1対1対応であり，チューリップ1本にブロックを2個置いていたり，ブロックを置き忘れたチューリップがあったりしてはいけません。このようなことを確かめることは，大人にとっては簡単で，当たり前のことでしょうが，1年生になったばかりの子どもたちにとっては，しっかり考えて活動していかなければうっかり間違えていることが少なくありません。

　「10」の概念自体は，このように活動を通して，子どもに考えさせるべき知識なのです。

一方，数えたい具体物の集合数が，ブロック10個（十進法の指導でも用いられる十の位を表す教具）に置き換えられるとき，その集合数を「10」と表すことは，教師が教える知識であって，子どもが考えつくものではありません。これは，アラビア数字とか算用数字とか言われるもので，この他にも，ローマ数字「X」や漢数字「十」などがあることをご存知でしょう。社会的知識と呼ばれる理由がわかるような気がします。

　地球上で世界的に算用数字が広まっていった歴史的事実を背景にもちながら，これから指導していくべき十進法が便利であることから，「10」と表すことを教えるわけですが，この段階では未習のため，子どもたちにこの理由を考えさせることはできません。**集合数としての「1」～「9」の記数法と同様に，なぜこのように書くのかを問題にする必要はない**のです。「10」と表す意味を問わないのですから，「0というかず」の学習の前に，「10」と表すことを教えるしかないという立場をとっていることになります。

　とはいえ，「10」の記数法の中に「0」があるのだから，集合数としての「1」～「9」を学習した後で，「0」の学習を入れて，その後で「10」を学習させたらよいという意見もあるでしょう。論理性を重視するこの意見にも一理ありますが，この意見が採用されていない理由は，**存在の無としての「0」の特殊性**にあります。集合数としての「0」は「何もないこと」であり，「0」の概念を抽象化するための具体的操作活動を行おうとしても，ブロックを置くべきチューリップが1本もなく，難解な活動になってしまいます。そこで，輪投げをしたり玉入れをしたりしたときの，1個も入らなかった場合の得点などで，「0というかず」を指導するのが一般的です。単元「10までのかず」の途中で，この活動を挿入していくということには難点があり，「10までのかず」の学習の後で，「0というかず」を指導しているのです。

〈参考文献〉
・C. カミイ／G. デクラーク著・平林一榮監訳（1987）『子どもと新しい算数　ピアジェ理論の展開』北大路書房

抽象とは
他の属性を捨象すること？

> うさぎは，白い，跳ねる，かわいいなど，いろいろな属性があります。クレヨンの場合もそうですが，個数以外の属性は無視（捨象）して，個数だけを抽象します。

　「3」を例にして，集合数（ある集合に含まれる要素の数）としての整数の概念の抽象化の様子を見ていきましょう。集合数の他に要素の順番を表す順序数という概念があり，こちらは単元「なんばんめ」などで学びます。

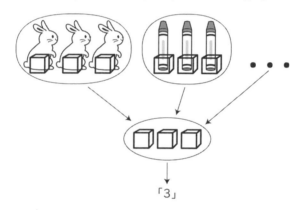

　前項でも「10」の概念の抽象化について述べていますが，「3」の場合も同様で，上の図の例では，うさぎやクレヨンの上にブロックなどの半具体物を1対1対応によって1個ずつ置き，具体物の個数を半具体物の個数に置き換えて数えます。集合数としての「3」の概念の抽象化の第1段階（図の上段の矢印）は，具体的操作活動を通して，落ちや重なりがないかをしっかりと確かめながら進むもので，前項で出てきた**「論理－数学的知識」**を構成していると捉えられます。一方，抽象化の第2段階（図の下段の矢印）では，「3」という記数法で表すということを考えさせる余地はなく，これは教師が教えるべき**「社会的知識」**です。

さて，ここからは，算数科で教えるその他の概念の形成過程にも，同じような抽象化がかかわっていることを指摘しておきたいと思います。

　右の図では，図形領域の長方形の概念の抽象化を示しています。テスト用紙やトランプ，そして切手にも，形以外にいろいろな属性があります。さらに図形概念の抽象化でなされる捨象について大切なことは**「理想化」**です。トランプの角は丸くなっていますし，切手の辺はギザギザになっていて直線とは言えません。しかしながら，

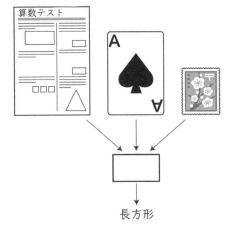

長方形

私たちはこれらを理想化して，長方形と認識しているのです。

　このように，図形概念の抽象化の第1段階（図の上段の矢印）には，曖昧で直観的な面があります。一方，抽象化の第2段階（図の下段の矢印）では，理想化された図形を対象として，三角定規の直角の角を使って，直角が4つあるかどうかを厳密に調べていくことになるのです。

　同じ2年の図形領域で抽象化する「三角形」も同様です。屋根，おにぎり，トライアングル（楽器），停車時の三角標示板など，身の回りの事象で三角形の形をしているものはありますが，それぞれにいろいろな属性がある中で，形だけを抽象していくのです。そして，「3本の直線で囲まれた形」として三角形を定義します。直線で囲まれていなくては三角形とはいえないのに，楽器のトライアングルは角が丸くなっているとともに，1つの角では棒が途切れていて，全体としては囲まれていません。これも理想化して三角形と見ているわけです（楽器の名前がまさにトライアングルです）。

　数の概念と図形の概念の抽象化の共通点と相違点について取り上げましたが，これは，算数科の学習指導の本質にかかわるところであると思います。

「加法の意味」と「減法の意味」との類比的関係？

> たし算とひき算とは逆演算の関係にあり，「加法の意味」の中には「求和」や「増加」の他に「逆減」というものがあります。これと同じように考えて，「減法の意味」をつくりだすことができるのでしょうか？

　加法の意味として，「合併（求和）」「増加」「求大」「逆減」などがあります。4 + 3 = 7 の式になる問題をつくっていきましょう。

- ○求和：赤い風船が 4 個，青い風船が 3 個あります。あわせて風船は何個ですか。
- ○増加：スズメが 4 羽いました。そこへ，スズメが 3 羽飛んできました。スズメは何羽になりましたか。
- ○求大：私は色紙を 4 枚もっています。姉は私より 3 枚多くもっています。姉がもっている色紙は何枚ですか。
- ○逆減：お菓子を 3 個食べたら，まだ 4 個残っています。初めにお菓子は何個ありましたか。

　私は，小学校教師を目指している大学生に対する算数教育に関する授業の中で，たし算（加法）の意味を参考にしてひき算（減法）の意味を考えさせることを取り入れてきました。異なる意味の問題を 4 問つくらせて，それぞれの意味を示す用語を提案させるのです。学生たちは，例えば次のような問題をつくってきます。

　ここでは，あえて，加法の意味で例示した問題と同じ場面でつくられた 7 - 3 = 4 の問題①〜④を例示します。

- ①赤い風船が 7 個，青い風船が 3 個あります。どちらが何個多いでしょう。
- ②スズメが 7 羽いました。3 羽が飛んでいったら，残りは何羽でしょう。
- ③姉は色紙を 7 枚もっています。私のもっている色紙は姉より 3 枚少ないです。私は色紙を何枚もっているでしょう。

④お菓子を３個もらうと全部で７個になりました。初めにお菓子は何個
　あったでしょう。

　この授業では，加法・減法・乗法・除法といういわゆる四則演算の答えを，
それぞれ，和・差・積・商ということを確認しています。そのうえで，「加
法の意味」を表す用語に着目しながら，「求和」から①の意味として「求差」
が，「増加」から②の意味として「減少」が，「求大」から③の意味として
「求小」が，「減法の意味」として提案されます。ここでは，加法の意味と同
じように考えるという**「類推」**（類比的推論の略）が働いています。しかし
ながら，類推は，時に誤った推測をしてしまうという宿命があるのです。
「求差」「減少」「求小」という用語は，実際に算数教育の世界で使われてい
るものなのですが，④に対応する「減法の意味」が議論の的になってきます。

　「加法の意味」の中に「逆減」というものがありました。私の経験によれ
ば，ここからの「類推」によって，「逆増」と提案する学生が６割以上いま
す。「減少」の逆は「増加」だから，「逆増」と命名しようとするものです。
確かに，④は，初めのお菓子を□個とすると，□＋３＝７と立式できる
「増加」の問題そのものであり，学生にとっては，これが類推による自然な
解答なのでしょう。

　それに対して，「逆加」と提案する学生は４割弱です。実は，加法の意味
の授業の際に私は，「逆減」とは「減法の逆という意味です」と強調してい
ます。「逆思考」「逆演算」という用語は，加法と減法の関係や乗法と除法の
関係を考察するうえで極めて大切なものです。このときの授業をしっかり復
習していた学生は，**「加法の逆」**だから**「逆加」**という提案ができるのです。

　算数授業を通して，子どもたちの類推などの力をつけていくことが大切で
すが，その前に，算数を教える立場の先生が，教材研究のときに類推などの
力を体験していくことが求められるのではないかと感じています。問題をつ
くったり，問題の意味を考えたりするときに，類推などの力を発揮してみて
ください。

10個ずつ数えることを
どのように教えたらいいの？

> 子どもたちは2個ずつ数えたり5個ずつ数えたりしているのに，なぜ10個ずつ数える十進法を教えるのでしょうか？　また，十進法のよさに気づかせるためには，どうすればいいのでしょうか？

　26本のチューリップ（具体物）を1対1対応によってブロック（半具体物）に置き換えた場面で考えていきましょう。**「チューリップは　なんぼんありますか」** という問題を，下の図のようなブロックを数える具体的操作活動によって解決していきます。「ニ，シ，ロ，ハ…」と2個ずつ数える子ども，「ゴ，ジュウ，ジュウゴ，ニジュウ…」と5個ずつ数える子どもが多くいるのが普通です。もちろん，1個ずつ数えようとする子どももいます。

　先生は，「10個ずつ数えてほしい」と思いながら，そのことを自分で教えてしまってはいけないのではないかと自問自答します。十進法を指導する本時授業なのですから。困った先生は，「早く数えるには，どのような数え方がいいかな？」と発問します。これは，まずい発問です。「1個ずつ」数えるより，「2個ずつ」数えたり「5個ずつ」数えたりする方が早いのはわかりますが，「10個ずつ」数えることのよさにつながっていきません。

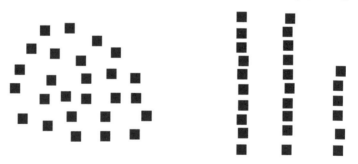

　そんなとき，「10個ずつ」数えた子どもの机の上を見てみてください。机の左にあったブロックが，数え終わった後に右に移動して，左の図のような

形のままの場合もあるでしょうが，10個ずつ数えて，右の図のようなブロックの置き方をしている子どもがいないでしょうか。

　もし，そのような子どもがいなくても大丈夫です。ここでのキー発問は，**「見ただけで　いくつあるかが　すぐわかるようにしよう」**というものです。右の図のようなブロックの置き方をすると，見ただけで26個あることがわかります。この子どもは，ブロックの数を「数えている」だけでなく，数をブロックで表しているのです。

　十進法とは正確には十進位取り記数法のことです。記数法とは，数の数え方ではなく，数の表し方なのです。アラビア数字あるいは算用数字による記数法は，人類の最も素晴らしい発明であり，1・2年の「大きな数」の学習は，人間が生きていくうえで極めて大切なものなのです。ここでは「26」を例にしましたが，0〜9の10個の数字を用いて，どんな大きな自然数でも表すことができます。私は，十進法の原理を説明するときに，2年「10000までの数」の中にある「3034」を例にすることにしています。同じ「3」という数ですが，位置の違いによって，「千」が3つや「十」が3つという違った意味をもたせることができるのです。このことを**「位取りの原理」**といいます。もう一つ，「百」が1つもないときに，「0」を書く必要があり，これを**「空位の零」**といいます。「30」「204」「3034」などの学習では，いずれも空位の零が用いられていることがわかるでしょう。

　位取りの原理は教える知識だとするのが一般的ですが，進んだ学習指導を研究すると，発明できる知識だとも言えます。「26」の場合，十の位を赤いカード2枚で，一の位を黒いカード6枚で表せます

■■	■■■■■■
2	**6**
十の位	一の位

が，黒いカードだけしか使えないことにするとどうでしょう。その場合でも，十の位と一の位の箱をつくって，その箱の中に，上の表のように黒いカードを置けば表せるのです。後は，「10までのかず」で学習した集合数の「2」と「6」に記号化するだけです。子どもたちに気づかせることは難しいでしょうが，位取りの原理の本質として知っておくといいでしょう。

減加法だけで
減々法は教えなくてもいいの？

> 「繰り下がりのある減法」の方法として減加法と減々法がありますが，いつでも減加法を使えばできるので，減々法を教える必要はないと考えている人はいないでしょうか？

まずは，減加法と減々法について説明します。

「りんごが　15こ　ありました。　8こ　たべました。　りんごは，　なんこ　のこっていますか」という問題で考えていきましょう。

右に示しているように，$15 = 10 + 5$なので，

$15 - 8 = 10 - 8 + 5 = 2 + 5 = 7$

とする計算が考えられます。$10 - 8 = 2$という減法と，$2 + 5 = 7$という加法を使うことから，これを「**減加法**」と言っています。

右に示しているように，$8 = 5 + 3$なので，

$15 - 8 = 15 - 5 - 3 = 10 - 3 = 7$

とする計算も考えられます。$15 - 5 = 10$という減法と，$10 - 3 = 7$という減法を使うことから，これは，「**減々法**」と呼ばれているものです。

$15 - 8$のような数値の場合，減加法と減々法がともに気づかれるでしょうが，ひかれる数（被減数）とひく数（減数）の数値によって，どちらを使うかの判断が変わってくる場合があります。

$13 - 9$や$12 - 8$などの場合，つまり，被減数の一の位の数が小さく，減数が大きいとき，

$$13 - 9 = 10 - 9 + 3 = 1 + 3 = 4$$
$$12 - 8 = 10 - 8 + 2 = 2 + 2 = 4$$

と計算する減加法が有効です。

減加法では，被減数を「十といくつ」という見方で分解すればよく，計算の途中で出てくる減法も，10から減数をひくことになり，10の分解に慣れておけば間違えずにできるものです。最後に行う加法も決して難しくはありません。

　このように，減加法は慣れると簡単に思えてくるので，「繰り下がりのある減法」は，被減数と減数の数値によらず，減加法を使えばいいという意識が強くなってくる傾向があります。算数を教える先生も，そのように考えていることが少なくありません。

　一方，$12-3$ や $11-2$ などのように，減数が小さいときには，

$$12-3 = 12-2-1 = 10-1 = 9$$
$$11-2 = 11-1-1 = 10-1 = 9$$

と計算する減々法が有効です。

$$12-3 = 10-3+2 = 7+2 = 9$$
$$11-2 = 10-2+1 = 8+1 = 9$$

とする減加法でもできますが，この数値だと，やや回りくどく感じます。

　計算が正しくできるという技能だけを求めるのであれば，減加法で一貫させる立場もあるでしょうが，数値によって，よりよい計算の仕方を考える力も，算数科としては大切にしていきたいと思います。そこで，**減加法に慣れさせることを重視しながら，減数が小さい場合などで，減々法のよさにも気づかせる**とよいのではないかと思います。

　減々法では，最後に行う計算も減法になるところが，やや難しいという意見もあります。$12-3$ の計算での減数の「3」を「$2+1$」と見ていくのが減々法ですから，確かに，加法だったのが減法に変わっていますね。

　しかしながら，減数が小さいですから，10からあといくつひけばいいかを考えればよく，この計算も慣れていけば習得できるものです。日常生活の中でのひき算でも「120円から30円を使ったときの残金」を求めるときなどに，「$120-20-10$」という「数えびき」を使いますので，この考えの基本である減々法にも慣れておくことが大切なのです。

1年で量の直接比較や間接比較をさせるのはなぜ？

「長さくらべ」から測定領域の学習が始まりますが，cm や m の普遍単位が出てくるのは2年です。1年の「長さくらべ」や「かさくらべ」では，何を教えればいいのか，よくわからないという人はいないでしょうか？

cm や m の普遍単位を教えるとともに，30cm や 1 m のものさしを使って，いろいろなものの長さを測定できるようにさせれば，日常生活に必要な測定の技能が身につくことは確かでしょう。わが国でも，尺貫法が使われていた古来より，生きていくうえで必要な諸々の技術は，大人が子どもたちに，あるいは親方が弟子たちに，このように伝達しながら習得させてきました。

しかしながら，義務教育としての算数科の1年の測定学習が，このように受動的なものでよいのでしょうか。例えば，1年生の気持ちになって，幼稚園でも遊んできた「かみふうせんとばし」を思い浮かべてください。

2人が飛ばした紙風船はどちらが遠くまで飛んだといえるのでしょうか。明らかに飛んだ長さが違うときは，比べるまでもないでしょうが，どちらが遠くまで飛んだかわからないようなときには，どのようにして比べたらよいでしょう。

2人の紙風船が飛んだ長さをそれぞれテープに写し取って，重ねると比べられます。このように，直接重ねて比べることを直接比較といいます。鉛筆などの長さを比べるときには，端を揃えて直接比較することにも気づかせることが大切です。また，縄跳びの縄のように曲がったものの長さを比べるときには，まっすぐに伸ばして重ねることにも気づかせなければなりません。

技術の伝達は，1対1や少人数の場合に適していますが，義務教育としての算数科の測定学習は一斉授業で行われますので，次のような4段階を進むのがよいとされています。

①直接比較　②間接比較　③任意単位による測定　④普遍単位による測定

最初に述べた測定技術の伝達は，④だけを教え込んでいるのだということに気づくことでしょう。

　2人の紙風船が飛んだ長さをテープに写し取らなくても，長さを比べることができます。別に長めのテープを用意しておいて，このテープに1人の紙風船が飛んだ長さの印をつけてもう1人の紙風船が飛んだ長さと比べます。この方法が間接比較で，ここまでは測定ではなく比較です。2年では，「どれくらい長いか」や「どんな長さか」を追究します。そのためには，単位を使って長さを数値化する必要が生じます。これが測定なのです。

　さて，1年の測定学習で，直接比較や間接比較を取り入れることには，発達心理学的な研究成果もかかわっています。ピアジェという心理学者は，幼児は前操作（具体的操作がまだ十分にはできない）段階に止まる場合があるが，小学校1年生の子どもたちは，具体的操作の段階に入っているとしています。「長さくらべ」における具体的操作の典型は間接比較でしょう。テープに1人の紙風船が飛んだ長さの印をつけると，長さという量は場所を移動させても変わりません。これを**「量の保存性」**といいます。

　「かさくらべ」でも同じことがいえます。右の図のような2つのコップに水が入っているとき，液面が高いので，右の方が多いという子どもがいますが，同

じ大きさのコップに移し替えれば比べられます。これも間接比較です。この場合も，水のかさに関する量の保存性が具体的操作活動の前提となります。もとのコップに戻すこともできる（可逆性）とともに，量は多いか少ないか同じかのいずれかになる（比較可能性）性質があることも知られています。量に関するこのような性質を利用して，私たちは生活の中で，長さ，広さ，かさ，重さ，時間，角度などを測定しているわけです。

〈参考文献〉
・岡崎正和（2000）「思考の発達段階」中原忠男編著『算数・数学科重要用語300の基礎知識』明治図書，p.40

「色板ならべ」は好きな形を つくらせるだけでいい?

図形領域で，三角形，四角形，長方形，正方形などの定義がなされるのは 2 年からです。1 年の「色板ならべ」では，子どもたちがつくりたい形を自由につくらせるだけでいいのでしょうか?

　直角二等辺三角形の色板は，表が青色（ここでは，薄い灰色とする）で裏返すと赤色（ここでは，濃い灰色とする）になっています。この色板を使って，子どもたちは，好きな動物や乗り物，そして家などの形をつくることに夢中になります。「先生。色板は何枚でも使っていいんですか?」と聞いてきます。そのようなとき，1 年の図形指導としてはどのような判断をすべきなのでしょうか。形づくりを楽しんでいるのだから，つくりたい形を自由につくらせておけばよいのではないかと考える気持ちもわかります。

　算数科の学習指導要領によれば，1 年の図形指導の目標は「図形についての理解の基礎となる経験を豊かにする」となっており，できる形の数は次第に少なくなっていきますが，**使う色板の数を，8 枚，4 枚，2 枚と減らしていく**ことが大切です。そして，色板のへりとへりを合わせるように並べるように約束することも必要です。直角二等辺三角形の色板 2 枚でできる四角形には，どのようなものがあるでしょうか。

　「ずらす」「まわす」「裏返す」という具体的操作は，数学的には，平行移動・回転移動・対称移動にあたっていますが，「ずらす」「まわす」の場合は，薄い灰色の色板は薄い灰色のままで移動します。「裏返す」と，薄い灰色が

濃い灰色に変わります。平行四辺形ができる場合は薄い灰色のままですが，正方形は薄い灰色のままのときもあれば，（裏返して）濃い灰色に変わるときもあります。1年では，正方形や平行四辺形という用語は出てきません。しかしながら，偶然的かもしれませんが，将来の図形学習で出てくる図形を構成する経験が得られるわけです。このような**経験的認識は，「色板ならべ」で使う色板の枚数を減らしていったからこそ可能となる**ものなのです。

　以下に述べることは，1年の図形学習ではほとんど役に立たないことですが，2～4年で学習する三角形や四角形の相互関係にかかわる発展的な教材研究として付言しておきます。

　三角形の色板2枚でできる四角形の追究において，単位とする色板を，直角二等辺三角形から一般化して，直角三角形や二等辺三角形にした場合，いつでも平行四辺形とたこ形ができます。それ以外に，直角三角形の場合には長方形が，二等辺三角形の場合はひし形ができることがわかります。

　さらに一般化して，一般三角形の場合を考えると，平行四辺形とたこ形しかできませんが，その場合の板の色について言えば，薄い灰色だけでできる平行四辺形は点対称の典型的な四角形で，薄い灰色と濃い灰色でできるたこ形は線対称の典型的な四角形であることが示唆されているのです。

棒グラフにつながる 素地的な活動って？

> データの活用領域が 1 年から位置づけられている新学習指導要領では，3 年で学習する「棒グラフ」に向けての素地的な活動を，1 年と 2 年で充実させていく方向性が示されています。統計教育のスタートです。

　算数科の解説書（文部科学省，2018，*p*.95）では，きりん，ぞう，うさぎ，しまうまの絵をもとにして，数量の表現について解説がされています。

　本書でも，しまうまをさるに変えていますが，解説書と数値も同じにして，これら 4 つの動物の数を比べる学習について考察していきます。

　1 年生は，動物の大きさを捨象することなく，そのままの大きさで数を比べるだろうと思います。「大きさ」は考えないことにすることを，子どもたち自身に気づかせるというところが，新しい解説書では積極的に記述されているのです。この不十分さを解消するためには，大きさを変えないで均等に配置する方法もあるでしょう。

| きりん | ぞう | うさぎ | さる |

動物の大きさを捨象して，全部の大きさを揃えた図に修正します。

| **きりん** | **ぞう** | **うさぎ** | **さる** |

1年生の認識を踏まえて，棒グラフまでの素地的な活動を構成しているわけです。実は，解説書にならって，うさぎとさるの中に，体の向きが違うものを入れています。この向きは無視（捨象）していいと1年生が認識できるものかどうかは，議論の余地があるように思います。ここではあえて，体の向きを捨象しないで，そのままの向きにしております。

さて，2年「ひょうとグラフ」の学習で，この事象をそのまま使うとすると，右のような「○の数で表したグラフ」になります。ここでは，動物の絵は消え，どんな動物であっても，もっと言えば，動物の数を調べる問題でなくても，調べたい事物にかかわらず，○の数で表したグラフを学ぶわけです。

		○	
	○	○	○
○	○	○	○
○	○	○	○
きりん	ぞう	うさぎ	さる

「ひょうとグラフ」に整理する目的意識も大切です。学級活動などと関連づけて，「○の数で表したグラフ」の活用を考えるといいでしょう。「すきなあそびしらべ」（文部科学省，2018，*p*.129）は，昼休みにクラスのみんなで遊ぶ取組に役立つでしょう。「すきな給食しらべ」をすると，ある学級の希望が学校として採用される「リクエスト給食」でも使えそうです。

〈参考文献〉
・文部科学省（2018）『小学校学習指導要領解説　算数編』

（2位数）＋（2位数）の筆算はどの位から計算する？

（2位数）＋（2位数）の筆算で，十の位から計算している子どもに，どのように指導したらよいでしょうか。繰り上がりがあるときは，一の位から計算させるべきだと思いますが，繰り上がりがないときはどうでしょうか？

この単元の導入問題は，「太郎さんは花を34本つみました。花子さんは花を25本つみました。あわせて何本つんだでしょうか」のようなものです。右のような筆算形式を紹介して，「同じ位の数どうしを計算する」とまとめますが，一の位から先にたす子どもと十の位から先にたす子どもがいるのが普通です。

$$\begin{array}{r} 3\ 4 \\ +\ 2\ 5 \\ \hline \end{array}$$

「全部で何本ぐらいかな」「60本ぐらいじゃないかな」といった見通しを立てた子どもたちは，十の位を先に計算して，50本になり，その後で一の位をたして，59本という答えに至ります。つんだ花も，花束のように10本ずつまとめて，34本や25本あることがわかるように置いてあることが多いでしょう。10本ずつの花束がいくつあるかを，先に数えようとする子どもがクラスの中で多いのではないだろうかと予想します。

私は，教員養成大学での算数教育に関する授業中に，あるいは，都道府県の教育センターや教育事務所などの算数教育に関する研修講座の中で，この状況における教師の行動に対する意見を問う演習を取り入れてきました。

クラスの半数以上が，右の筆算のうち左のように十の位から先に計算していたとき，教師は「たし算の筆算では一の位から計算しましょう」と言い，右の筆算のように指導しました。あなたは，この指導についてどのように思いますか。次の4つの中から最も近いものを選んで，それを選んだ理由を述べてください。

$$\begin{array}{r} 3\ 4 \\ +\ 2\ 5 \\ \hline 5 \end{array} \qquad \begin{array}{r} 3\ 4 \\ +\ 2\ 5 \\ \hline 9 \end{array}$$

ア　まったく不適切　　イ　不適切　　ウ　適切　　エ　とても適切

教員養成大学で学ぶ学生も，研修講座に参加している先生方も，結果は似通ってきて，アやエを選ぶ人は極めて少ないです。適切な部分と不適切な部分の両方があるので，自信がなくなるのか，イやウという回答が大多数です。興味深いのは，イとウを選ぶ割合が拮抗してくるということです。

　適切な部分とは，言うまでもなく，右のような筆算の計算の仕方を考える次時の場面で，十の位から計算して「5」と書いたら，一の位からの繰り上がりがあるので，訂正しなければならないから，**間違いを未然に防ぐために，繰り上がりのない本時の計算から，一の位からたすと指導しておくことは適切だ**という意見です。

$$\begin{array}{r} 3\,8 \\ +\,2\,4 \\ \hline \end{array}$$

　ところが，不適切な部分を指摘する意見が同程度に出てきます。それは，一の位からたすという方法のよさに気づくのは，繰り上がりのある計算である次時授業においてであって，**本時の段階で，教師から一の位から計算するよう指導することは，子どもの主体的な学習を妨げるので不適切だ**という意見です。教師の専門性が高い場合に，この回答が増えてくるように思います。

　それは，子どもの主体的な学習が大切であり，教師の教え込みをできるだけ避けるという意見が強くなるからです。右に示しているのは，繰り上がりがある場合に，一の位からたすと和が12になり，それを書いたら，十の位の「1」を消さなければいけないから，その「1」を十の位の最上段に小さく書いておこうという工夫です。十の位は，1＋3＋2で答えが6になることがよくわかります。この工夫を，すべての子どもに指導している先生と，「繰り上がった『1』を忘れそうな人は書いてもいいですよ」と指導している先生がおられると思います。

$$\begin{array}{r} {}^{1} \\ 3\,8 \\ +\,2\,4 \\ \hline 2 \end{array}$$

　私は，本項目で述べた二者択一の場面は，先生方の教育観の違いが表れやすいものであって，一方の教育観がよくて他方が悪いというものではないと思っています。**自分の学級の子どもたちの実態にも応じながら，そして，もう一方の見方もあるということを知ったうえで，自分として適切だと考える判断をしていけばよい**と思います。

（2位数）－（2位数）の
筆算はつまずきやすい？

2年の（2位数）－（2位数）の筆算で，つまずいている子どもにはどんな特徴があるでしょうか。つまずかないようにするための，単元の導入からの留意点はどのようなことなのでしょうか？

　この単元の導入問題は，「太郎さんは35円もっています。12円のお菓子を買いました。のこりは何円ですか」のようなものです。右のような筆算形式を紹介して，「同じ位の数どうしを計算する」とまとめます。1つ前の単元が「たし算」で，筆算を導入していますから，ここでつまずくことはほとんどないでしょう。

$$\begin{array}{r} 3\ 5 \\ -\ 1\ 2 \\ \hline \end{array}$$

　「花子さんは54円もっています，28円のえんぴつを買います。のこりは何円ですか」という問題に対して，筆算形式に表して，計算の仕方を考えます。たし算のときと同じように考えて一の位からひこうとしても，4－8はできません。ここが**つまずくポイントの1つ目**です。4－8ができないから，8－4にして一の位の答えを4にする子どもが出てきますが，8－4の式の意味を説明できないことに気づかせて，他の計算の仕方を考えさせることが大切です。正しい計算の仕方は，1年で学んだ「14－8」を活用するものですが，これについては後述します。

$$\begin{array}{r} 5\ 4 \\ -\ 2\ 8 \\ \hline \end{array}$$

　ここで1問，演習問題を出します。教科書に載っている数値でなくても，（2位数）－（2位数）であったら，どんな数でも計算できなければなりません。そう考えた先生が，右のようなひき算の筆算を導入したとしましょう。この判断に対する意見を述べてみてください。

$$\begin{array}{r} 5\ 2 \\ -\ 2\ 7 \\ \hline \end{array}$$

　答えは25になりますが，先に指摘したつまずきが発見できなくなることにお気づきでしょうか？

12－7も5になりますが，7－2も5になってしまうからです。練習問題ならまだよいでしょうが，導入問題で，計算の仕方を考えさせるためには，数値を適切に選ぶことが重要です。

　1年のときの12－7の学習で，7－2にする子どもはほとんどいません。それは，筆算形式にしないで，以下で示すように，減加法を中心にして，ブロックなどを利用した，繰り下がりの処理を綿密に指導しているからです。

　右の筆算で一の位の答えが6になる理由は，1年で学習した減加法による次のような計算によっています。

$$\begin{array}{r} 5\,4 \\ -\ 2\,8 \\ \hline \end{array}$$

　　14 － 8 ＝ 10 － 8 ＋ 4 ＝ 2 ＋ 4 ＝ 6

　1年では，ブロックなどを利用して，このひき算を学んでいるのです。この学習が十分身についていない子どもが，2年の本単元でつまずいてしまうことが考えられます。これが，**つまずくポイントの2つ目**であり，これは，算数科の系統性に基づいて頻繁に起きるものであると言えましょう。減加法に関するこのつまずきの克服のためには，1年の学習の系統性を押さえることが大切です。「2＋4」はできるとしても，「20までのかず」で学んだ「10といくつ」の見方や，「いくつといくつ」で学んだ10の分解が，この場合の重要な基礎技能になってきます。

　最後に，**つまずくポイントの3つ目**を指摘しておきます。それは，54を50と4に分解するのではなく，40と14に分解するというところです。なぜこのような分解をするかといえば，1年で学んだ「14－8」が使えないかと考えるからなのです。ここは，既習の知識・技能や数学的な見方・考え方を活用しながら，新しい知識・技能を獲得していくという，算数科の概念形成の典型的なところです。

　このように，（2位数）－（2位数）の筆算で，一の位のひき算ができないというところは，低学年の数と計算領域でつまずきやすいポイントだと言えます。つまずいている子どもの立場に立って，つまずきに応じた指導を心がけてください。

480はどんな数といえる？

> 単元「1000までの数」では，十進法の理解を確かなものにすることが大切ですが，正答が何通りも可能になるような，オープンエンドの問題を工夫することもできます。どのような問題が考えられるのでしょうか？

　1年での十進法の学習では，十の位と一の位が登場していましたが，2年のこの単元では，それに百の位が加わります。例えば，324の場合，

　「324の百の位の数字は□で，300をあらわします」

　「324の十の位の数字は□で，□□□をあらわします」

という文を完成させる問題が考えられます。

　また，208などの場合で，ブロックの数を十進法で表させ，「200と8をあわせた数を二百八といい，208とかきます」として，十の位が0個になる数も扱います。「空位の零」がある数については，「407をよみましょう」とか，「三百六を数字でかきましょう」といった問題を解決させて定着させるとよいでしょう。

　このような問題は，正答が1つだけ存在しますので，クローズドの問題といいます。

　「10を16個あつめた数はいくつですか」

　「230は10をいくつあつめた数ですか」

といった問題や，10が最小単位になっている数直線上に590や620をプロットさせる問題もクローズドの問題です。

　一方，わが国の算数・数学科では，正答が何通りにも可能となる問題（オープンエンドの問題）の開発が盛んであり，これを生かした指導法を「**オープンエンドアプローチ**」と称しています。本単元でも，「480はどんな数といえますか。考えたことをかきましょう」といった問題が考えられます。

　「480は，400と80をあわせた数です」「480は，100を4個と，10を8個

あわせた数です」「480は，10を48個あつめた数です」などがぜひ取り上げたい正答です。2年のこの段階ではこれ以上の多様性は期待できないかもしれませんが，今後，かけ算九九を学び，さらに，かけ算の学習を深めていく3年生になると，「60×8，80×6，120×4，160×3，240×2…」といった気づきからも正答が増えていくことでしょう。

さらに，この問題に対しては，

「480は□より□大きい数です」

「480は□より□小さい数です」

の形の正答が多様に存在します。

実は，本単元では「…より大きい」「…より小さい」ということを不等号「＞」「＜」で表すことも学習することになっています。

不等号を使ったオープンエンドの問題として，次のようなものがあります。

（1）□にあてはまる数をぜんぶかきましょう。

①　1□8＜148　②　63□＞636　③　901＞89□

（2）3つの数の大小を下のようにあらわすこともあります。

346＜347＜348

□にあてはまる数をぜんぶかきましょう。

①　472＜4□8＜499　　②　506＜5□7＜538

③　769＜7□2＜801　　④　305＜4 0□＜405

オープンエンドの問題を開発することは，とてもいい経験になります。

なお，この教材は（小山・飯田他，2019，*pp.*66-72，*p.*136）を参考に問題設定を修正するとともに，発展的教材開発について考察したものです。

〈参考文献〉
・小山正孝・飯田慎司他（2019）『小学算数（2年上)』日本文教出版

比較と測定の違いは何？

> 　1年の長さの学習では直接比較と間接比較を学んでいます。2年の本単元では，結局は普遍単位として cm や mm を学習するため，30cm ものさしを使った測定の練習に多くの時間を使っている場合が多いのではないでしょうか？

　1年での長さの学習は「比較」です。「どちらが長い」という結果で満足できる場面だったわけです。2年の本単元の導入では，間接比較の不十分さに気づかせる必要があります。そのためには，長さを比べたいものの数を2つだけではなく，もっと多くしていくことが大切です。5つであったら，2つずつを間接比較していくと，合計10回比べなくてはなりません。そして何より，間接比較するためには，長さを比べたいもののところに行かなくてはなりません。

　ここからは，本を読むときに使う「しおり」を子ども一人ひとりがつくったところを例にしてお話ししていきます。

　つくったしおりの長さを比べるために，お友達のところに行かなくても長さを伝える方法がないかを考えさせます。子どもたちの算数セットの中には，1年から使ってきたブロックや，計算練習をするときに使うカードなどが入っています。「このブロック5個の長さでした」「このカード3枚より少し短いです」などの工夫が発表されることでしょう。これが **「任意単位による測定」** です。ここでは，長さを伝えるために数値化しているのです。「測定」とは，長さなどの量を数値化することで，長さの表し方といってもいいでしょう。ですから，この本時のめあては，「長さをくらべましょう」よりも，「長さのあらわし方を考えましょう」とした方が適切だと思います。

　任意単位の不十分さから始まる普遍単位までの学習指導については次項で取り上げることにして，以下では，長さ以外の量の間接比較と「任意単位による測定」について考察していきましょう。

1年や2年の「水のかさ」の学習では，一人ひとりが学校にもってきている水筒を教材にすることが多いでしょう。1年「かさくらべ」では，水筒に入る水のかさを同じ大きさの大きな容器に移し替えて，水の高さを比べました。これが間接比較です。この場合も，一人ひとりの水筒を容器のところへもってきて比べなければなりませんでした。4人の班内で一番多く入る水筒と決めた後，全部で8班あれば，教室内の8か所にその水筒があります。その水筒を教卓のところにもってこなくても，水筒に入る水のかさを表して伝えることができないか考えさせます。このようにして，水のかさの場合も，比較から測定に切り替えていくわけです。

　この場合の任意単位として，絶好のものがあります。それは，それぞれの水筒のふたです。8個の水筒に入る水のかさを，その水筒のふた何杯分かで調べます。2つの水筒の場合の結果がともに8杯分だったとき，この2つの水筒に入る水のかさは同じだといえるでしょうか。これが「任意単位による測定」の不十分さになります。

　当然のことですが，細長い水筒のふたは小さいでしょう。太い水筒のふたは大きいでしょう。小さいふたを任意単位とすると10杯分で，中くらいのふただと8杯分，大きいふただと6杯分といった結果が出てきます。このような経験を通して**「共通単位」**の必要性に気づき，最終的には**「普遍単位」**に辿り着くわけです。

　最後に「測定」についてまとめておきます

　長さやかさの他にも，広さ，時間，重さ，角の大きさなどを測定していきます。「広い」「時間が長い」「重い」「角が大きい」といった量の度合いを，単位のいくつ分の考えによって数値化するのが「測定」です。新学習指導要領では，測定領域が3年までになり，「角の大きさ」（4年）や「面積」「体積」（4〜6年）は図形領域に入り，「こみぐあい」「速さ」（5年）は変化と関係領域に入りました。これは学習指導要領上の措置であって，これらも量の一種であり，その量を数値化することに変わりありません。

任意単位と普遍単位の間に
共通単位あり？

> 　長さに関する普遍単位としての cm や mm を早めに指導して，30cm ものさしを使った測定の練習をしたいのはわかりますが，普遍単位に進む前に，任意単位の不十分さから共通単位の必要性に気づかせたいところです。

　前項では，本を読むときに使う「しおり」を一人ひとりがつくったところを例にして述べました。つくったしおりの長さを比べるために，お友達のところに行かなくても長さを伝える方法がないかを考えさせ，子どもたちの算数セットの中にあるブロックや九九のカードを使って，「このブロック５個の長さでした」「このカード３枚より少し短いです」という**「任意単位による測定」**が扱われた場面から，その続きをお話ししていきます。

　教室の中にある任意単位として使えそうなものは，それほど多くはありません。算数セットにあるブロックや九九カードは，同じ長さのものがたくさんあるので最適です。この他には，学級で同じ消しゴムをたくさん購入していたら，未使用のものであれば任意単位になるでしょう。

　いずれにしても，ブロックや九九カード，消しゴムなどを，一人ひとりが勝手に，まさに任意に使っていたら，しおりの長さを数値化しているとはいっても不十分です。ブロック５個，カード２枚，消しゴム３個の長さだったとき，「５が一番大きいから，ブロック５個の○○さんのしおりが一番長い」とはいえないことは子どもたちにもわかるでしょう。「どうすればいいですか？」と発問すると，「消しゴムは数がたりないから，ブロックかカードのどちらかを全員が使って，その何個分だったかを発表するとよいと思います」といった意見が出てくるでしょう。

　この気づきが，**「共通単位による測定」**です。共通単位の必要性は，このような活動を通して，子どもたちが考えつくものなのです。*pp*.10-11で紹介した「論理－数学的知識」の１つだと言えましょう。

「ブロックと九九カードのどちらを共通単位にするとよいか？」について
もブロックの方がよいという理由があります。正方形のブロックの1辺は
1cmだとは決まっていないようですから，それが理由ではありません。九
九カードと比べるとブロックの方が短い長さになっているということです。
1個分の長さを短くしておくと，長さによって数値が変わってくることが
多いですが，九九カードのように1枚分の長さが長い場合は，「3枚より少
し短い」「3枚ぐらい」「3枚とあと少し」「3枚とあと半分」というように，
長さの違いが数値の違いとして表れにくくなってしまいます。

　それでは，共通単位としてブロックを使うということで，学習を終えてい
いのでしょうか。このブロックは，2年生の算数セットの中には入ってい
ましたが，4年のお兄さんや5年のお姉さんの算数セットの中には入って
いないみたいです。また，算数セットは，教室の机の中にしまってあるので，
家に帰って家族に，学校でつくったしおりの長さを伝えることができません。
このような不十分さにも気づかせた後で，（教える知識である）**「社会的知
識」**として，普遍単位の1cmを紹介していくのです。1cm方眼になって
いる方眼紙の上にしおりを置いてもいいでしょう。そして，いよいよ30cm
ものさしの登場です。いろいろなものの長さを30cmものさしで測って報告
する学習を楽しんでいきます。その際には，1cmが単位ならあまりが出てし
まうことにも気づかせ，30cmものさしには，1cmを同じ長さで10に分けた1
つ分の長さとして1mmの目盛りがついていることを紹介します。

　100cmが1mであることも2年で学習します。1mとは，地球1周（子
午線の長さ）の4000万分の1にあたります。ですから，地球の北極から赤
道までの長さの1000万分の1とも言えます。

　わが国では，近代までは，尺貫法（尺や寸といった単位）を使っていまし
たが，メートル法に統一したのです。また，メートル法を使いながらも，そ
れ以外の単位（ヤードやフィートなど）を一緒に使っている国もあります。
**世界的規模でメートルという共通単位が必要になっていった歴史にも触れて
いく**と，楽しい授業になるのではないでしょうか。

導入でなぜ動物を囲むの？

「三角形と四角形」の導入では，杭とロープを使って，牧場にいる牛や羊が逃げないように囲むという場面がよく取り入れられています。図形概念の構成という観点から，この導入にはどんな意図があるのでしょうか？

「3本の直線でかこまれた図形を三角形といいます」というのが，2年での三角形の定義で，「4本の直線でかこまれた図形を四角形といいます」というのが四角形の定義です。

右の図は，四角形を導入する際に，牛を囲んでいる場面です。この定義には，「4本」「直線」「かこまれた」という3つの条件があります。3本か4本かということが，三角形と四角形とを類別する条件であることは言うまでも

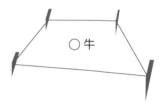

ありません。ここでは残りの2つ，つまり「直線」「かこまれた」という条件について考えていきましょう。

「直線」という用語は，この単元のはじめに導入しておくことも考えられますが，「長さの単位」といった単元が先行していれば，「ものさしを使って，長さが10cm のまっすぐな線をひきましょう」のような問題の後で，「まっすぐな線を直線といいます」として定義することが可能です。子どもたちが習った「直線」とは「まっすぐな線」ですから，牛などの動物が逃げ出さないように囲むには，ロープをまっすぐに張っておかなければなりません。これによって，「直線」という条件が必要となることを意識させます。

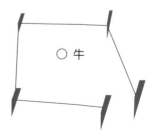

次は「かこまれた」という条件です。右の図のように囲まれていなければ，牛が逃げ出して

しまうことに，2年生も気づくことでしょう。

　このように，動物が逃げないように杭とロープで囲むという場面が，三角形や四角形の概念の導入にふさわしいものであるということがわかるでしょう。

　さて，右：上の図のような形は，直線でなかったり，囲まれていなかったりしています。この事実だけで，三角形の仲間に入れることができないのです。このように，まだ2年の学習であるとはいえ，三角形といえるかいえないかという判断は，とても厳密で論理的なものです。

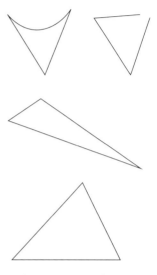

　三角形といえるものでも，右：中の図のような図形は，これまで学習してきた典型的な三角形ではないため，三角形の仲間に入れないという子どもも出てきます。

　三角形の定義の際に例示していたのは，おそらく右：下のような図形です。

　このような図形は，**「教科書の位置」**と呼ばれるもので，この表現は，この三角形の底辺が教科書の横の辺と平行な位置にかかれていることに由来します。

　四角形の場合には，右のような「凹四角形」も四角形の定義に当てはまるので，四角形の仲間に入れなければなりません。

　「4本の直線でかこまれた図形を四角形といいます」という四角形の定義に当てはまっていることは明らかですが，2年生の子どもたち

は，これまでの授業で出てきた典型的な図表現に影響されることが多いために，論理と心理との間で揺れ動きながら，図形を学んでいるのだと思います。

正方形は長方形っていえるの？

> 　長方形と正方形は，四角形の学習の後で，直角の観点から学習されますが，「ながしかく」「ましかく」という１年で学んだ図形のイメージもあって，正方形を長方形の仲間に入れない子どもがいるのではないでしょうか？

　２枚の三角定規は，２種類の直角三角形でできています。三角定規の直角を利用して，四角形の４つのかどが直角かどうかを調べていきます。そのうえで，「かどがみんな直角になっている四角形を，長方形といいます」「かどがみんな直角で辺の長さがみんな同じ四角形を，正方形といいます」といった定義がなされます。

　右の図に示しているのは，封筒の中から長方形の形の書類を取り出しているところです。このまま書類を取り出していくと，封筒の外に出ている書類の形は，どのようになるでしょう？

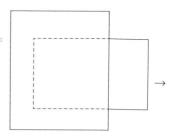

　長方形の特別な形としての正方形が現れることに気づくことができます。正方形の定義が長方形の定義も満たしていることを，２年生が認識するのはとても難しいことです。そこで，書かれた定義や論理的な関係から包摂関係を捉えるのではなく，図的関係からそれを捉えるようにすることが，２年生の認識レベルに合っているのではないでしょうか。

　今日では，「正方形は長方形ではない」として，正方形と長方形とを排他的に捉えている大人も多いのかもしれません。それは，集合の考えが重視されていた1960～70年代には，図形の包摂関係を小学校の図形学習の内容として位置づけていたのですが，「数学教育の現代化」が後退して長い年月を経た今日では，**「正方形は長方形の特別な形である」「正三角形は二等辺三角**

形の特別な形である」といった知識の発見を，あまり重視していないのです。

　右に示しているのは，ジオボードという教具です。この教具は正方形の格子点状に1cm間隔にくぎが打ってあり，それに輪ゴムをかけて図形をつくるというものです。ジオボードを実際に使って具体的操作活動を行うことも可能ですが，図的表現として捉えて，点を結んで図形をつくること

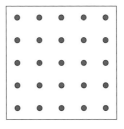

にしてもいいでしょう。また，1cm方眼の方眼紙を使って図形をかくことにしても同じことが行えます。

　この場面からも，「正方形は長方形の特別な形である」ということを発見することができます。右の図では，辺が斜めになる場合を示していますが，真上や真横に長方形ができる場合も多様に存在します。そのいずれの場合でも，「正方形は長方形の特別な形である」という発見ができることでしょう。

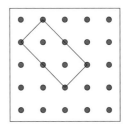

　長方形であることは，前述のように，三角定規の直角を使って調べていきますが，さらに辺の長さが同じかどうかを調べて，正方形かどうかを調べていくところはどのようになるのでしょうか。

　右の図のような四角形は正方形になりますが，それを数学的に示していくためには，三平方の定

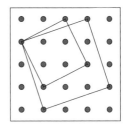

理や平方根の知識が必要になります。中学校3年の数学学習の教材にもなるわけですが，小学校2年の本時学習とすると，「長さの単位」の単元で30cmものさしを使った測定を学んでいますので，実際には$\sqrt{5}$や$\sqrt{10}$にあたる長さを実測して，cm及びmmという単位を用いて辺の長さが同じになっていることを調べていくことが考えられます。

かけ算九九は，どの段から
どんな順序で指導するの？

> 2年で導入するかけ算は，同数累加から指導するのが一般的ですが，どの段からどんな順序で指導すればよいのでしょうか。また，かける数が大きくなると，同数累加だけでは計算が大変になります。

　かけ算九九は，かけられる数（被乗数）が小さい段から指導すればよいのでしょうか。1の段から指導すると，答えが1ずつ増えるので簡単ですが，これでは特殊的すぎて，かけ算九九の本質がわからなくなってしまいます。

　かけ算九九は，2の段か5の段から指導するのが一般的です。その後は，3，4，6，7，8，9を順序よく指導して，最後に1の段を指導します。1の段は特殊的なので，最後に指導するのです。**「一般から特殊へ」**という見方で指導しているといえるでしょう。

　2の段や5の段の導入において，かける数（乗数）が小さいときには，同数累加で理解することが妥当です。例えば，$2 \times 3 = 2 + 2 + 2$ と表せるように，かけ算をたし算に帰着して捉えるのです。しかしながら，かける数（乗数）が大きくなってくる九九では，同数累加に頼っていては計算が大変になってきます。

　例えば，$2 \times 8 = 2 + 2 + 2 + 2 + 2 + 2 + 2 + 2$，という具合です。このようなとき，$2 \times 8$ の計算を直前に学習した 2×7 と関係づけてみるとどんなきまりがあるでしょうか。直前の九九（被乗数が同じで乗数が1小さい九九）から被乗数だけ加えれば，対象としている九九の答えがいつも得られるのです。このことは，$2 \times 7 + 2 = 2 \times 8$ という式で表されます。

　2の段だけではなく，一般にAの段だとすると，このことは，文字 n を用いて，$A \times n + A = A \times (n + 1)$ という式で表すことができます。この関係は，**「倍構成の基本関係」**と呼ばれています。Aの段の九九は，Aずつ増やしていってつくられているのです。

２の段と５の段を先行させて扱うことについては，いろいろな理由を考えることができます。

　まず，数を数えるときに，２つずつ「ニ，シ，ロ，ハ…」と数えたり，５つずつ「ゴ，ジュウ，ジュウゴ，ニジュウ…」と数えたりするのが一般的だということがあります。この数え方は，同数累加としての九九の導入にもつながっていくものです。次に，２の段は２ずつ，５の段は５ずつ増えていきますので，答えが簡単で覚えやすいことも挙げられます。

| ２の段 | 2 | 4 | 6 | 8 | 10 | 12 | 14 | 16 | 18 |
| 5の段 | 5 | 10 | 15 | 20 | 25 | 30 | 35 | 40 | 45 |

　最後に，右のドット図（これは１年「10までのかず」で用いられる「５をベースにした数図」でもあります）に示されているように，２×５と５×２を統合的に捉え て，ともにかけ算で10を構成することができることも挙げられるでしょう。この長方形は２×５を示していますが，これを90°回転させたら，５×２を示すドット図になるわけです。九九の構成では，このようなドット図を利用して，右側へドットの数を増やしていって，次々に九九をつくっていくことになります。

　以下は，３の段の九九を例にして，乗法と除法の関係を指摘したものです。

　かけ算九九の原理を，５年で学習する□と△を使って表すと，３の段は，３×□＝△となります。このことをもとにして，３年で学習するわり算をかけ算の逆演算として考察すると，△÷３＝□という包含除が対応してきます。「**12個のりんごを３個ずつに皿にのせると，皿はいくつできますか**」という問題がその一例です。一方，等分除に当たるわり算は，□×３＝△というかけ算の逆演算であり，「**12個のりんごを３人で同じ数に分けると，１人何個ずつに分けられますか**」という問題がその一例になります。このような考察からわかるのは，かけ算九九の意味から直接的につながるわり算は，等分除ではなく包含除だということです。

6の段から9の段までの 九九の構成はマンネリ？

> 2の段と5の段を構成した後で、3の段、4の段と進みます。ところが、被乗数を次々に加えていけば九九を構成できるので、6の段以降の学習はマンネリ化しやすく、よい指導法がないものかという意見をよく聞きます。

　かけ算九九は、2の段か5の段から指導するのが一般的です。その後は、3、4、6、7、8、9を順序よく指導して、最後に1の段を指導します。

　九九の構成方法ですが、かける数（乗数）が小さいときには、同数累加で理解することが妥当です。例えば、$6 \times 3 = 6 + 6 + 6$と表せるように、かけ算をたし算に帰着して捉えるのです。しかしながら、かける数（乗数）が大きくなってくる九九で同数累加に頼っていては、$6 \times 8 = 6 + 6 + 6 + 6 + 6 + 6 + 6 + 6$のように計算が大変になります。

　このようなとき、6×8の計算を直前に学習した6×7と関係づけてみます。直前の九九（被乗数が同じで乗数が1小さい九九）から被乗数だけ加えれば、対象としている九九の答えが得られるのです。このことは、$6 \times 7 + 2 = 6 \times 8$という式で表されます。

　6の段の九九の構成を例にしましたが、一般にAの段はAずつ増やしていくというこの方法は、これまでの九九の構成でも取り入れられてきており、また、この後、7、8、9の段の九九も同じように構成していくとなると、学習がマンネリ化していくことは避けられません。

　教育実習で2年生に配属された学生が、9〜10月の算数科単元として「かけ算（2）」を教えることになることがよくあります。実習生一人ひとりが別の本時を分担することがあり、「私は7の段を指導します。何かよい指導法はないでしょうか？」という質問を受けることもしばしばありました。そのようなときに私は、上述のような、九九構成の一般的方法を十分に理解した後で、「オープンエンドの問題」を使ってみることを提案します。

「かけ算（1）」の単元末に1の段の学習を入れるかどうかは別の判断が必要となりますが、ここでは、7の段を構成する段階で、1の段から6の段までが右の図のように構成済みだと仮定して議論しましょう。

1	2	3	4	5	6	7	8	9
2	4	6	8	10	12	14	16	18
3	6	9	12	15	18	21	24	27
4	8	12	16	20	24	28	32	36
5	10	15	20	25	30	35	40	45
6	12	18	24	30	36	42	48	54

「九九表のなかで見つけることができるきまりを、できるだけ多く見つけましょう」という問題は、これに対する正答がたくさん存在するということから、オープンエンドの問題と言われています。

2×3と3×2や、2×4と4×2が同じ答えになるという発見を使って、7×2は2×7と同じ答えになるというのは、類推の考えを活用した予想です。乗法の交換法則につながるこの予想は、「この表をたてに見ても、左から2番目の列は、2ずつ増えています」という発見と関連づけることができるものです。1、4、9…と斜めに並ぶ数（**「平方数」**といわれます）を折り目にして、それより右上の数を使って、それらを左下にもってくれば、7の段から9の段までの多くの九九を発見することができます。

「2の段と3の段の答えをたてにたすと、5の段の答えになっています」というのは、分配法則につながる発見です。これを生かすと、3の段と4の段をたしたり、2の段と5の段をたしたりして、7の段の九九をつくることもできます。この考えを使って8の段や9の段をつくっていくところなどでは、7の段をつくったときと同じように考えるという**「類比的推論（類推）」**が典型的に発揮されていくことでしょう。

「一番右の列の数は、9、18、27、36…となっていて、一の位と十の位の数字をたしたら、いつも9になっています」という発見も面白いものです。この追究は、9の段の九九の不思議さにふれる数学的活動になると思います。

カードを4枚選んで 4けたの数をつくると?

> 単元「10000までの数」では, 一の位, 十の位, 百の位に千の位が加わります。十進法の理解は「1000までの数」と同様ですが, 発展的な教材として, 選んだカードで4けたの数をつくる学習について考えましょう。

　5枚の数字カードを並べると10000より大きい数になってしまいますから, 4枚のカードを選んで4けたの数をつくることを考えます。

【1】次の5枚のカードから, 4枚を選んで, 4けたの数をつくります。

| 0 | 1 | 2 | 8 | 9 |

①できる数の中で, 3番目に大きい数をかきましょう。

千の位	百の位	十の位	一の位

　一番大きい数は, 9821で, その次が, 9820です。
　3番目に大きい数は, 9812になります。

②できる数の中で, 3番目に小さい数をかきましょう。

千の位	百の位	十の位	一の位

　千の位に「0」はきませんから, 一番小さい数は, 1028で, その次が, 1029です。3番目に小さい数は, 1082になります。

③できる数の中で，9000にいちばん近い数を調べましょう。

9000より大きい数の中で9000に一番近い数は9012で，9000より小さい数の中で9000に一番近い数は8921です。9012の方が近いですね。

④できる数の中で，2000にいちばん近い数を調べましょう。

2000より大きい数の中で2000に一番近い数は2018です。2000より小さい数の中で2000に一番近い数は1982です。2018も1982もどちらも2000との差は18です。2018と1982は，ともに正答です。

【2】次の5枚のカードから，何枚か選んで，1000にいちばん近い数を調べましょう。

| 0 | 1 | 2 | 8 | 9 |

【1】と同じように，4枚を選んで，4けたの数をつくったときの1000に一番近い数は，1028です。3枚を選んで，3けたの数をつくったときの1000に一番近い数は，982です。1000に一番近い数は982です。

最後に，10000を超える場合の発展的教材開発について補足します。

| 0 | 1 | 2 | 7 | 9 |

の5枚で5けたの数をつくるときの10000に一番近い数は10279で，4枚を選んで4けたの数をつくるときの10000に一番近い数は9721です。これらの数も，10000との差がともに279になります。

なお，この教材は，（小山・飯田他，2019，p.117）を参考に，問題設定を修正するとともに，発展的教材開発について考察したものです。

〈参考文献〉
・小山正孝・飯田慎司他（2019）『小学算数（2年下）』日本文教出版

等分除と包含除について
知っておきたいこと

> 12÷4のわり算の意味として，12個のお菓子を「4人で同じ数ずつ分ける」等分除と，「4個ずつ分ける」包含除がありますが，等分除に比べて包含除は子どもにとって難しいのではないかと考えている人はいませんか？

　3年のわり算では，等分除や包含除として除法を導入します。ここでは，まず，式が「12÷4＝3」となる場合の等分除と包含除をしっかり区別できるようにしておきましょう。わられる数（12）を被除数，わる数（4）を除数，わり算の答え（3）を商といいます。

　「12個のお菓子を4人に同じ数ずつ分けると，1人分は何個になるでしょう」という等分除の問題に対する具体的操作は次の通りです。

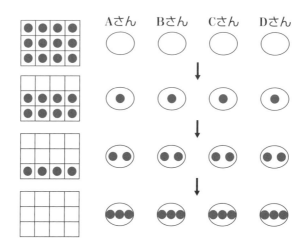

　「12÷4＝3」の等分除の場合，被除数（12）と商（3）がお菓子の数になるので，「個」という単位になり，除数（4）の単位とは異なります。

　「12個のお菓子を4個ずつに分けると，何人に分けられるでしょう」という包含除の問題に対する具体的操作は次の通りです。

「12÷4＝3」の包含除の場合，被除数（12）と除数（4）がお菓子の数になるので，「個」という単位になり，商（3）の単位とは異なります。日常生活では等分除を必要とする場合が多く，先に指導するのが一般的です。しかし

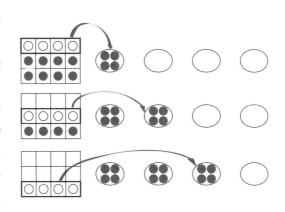

ながら，包含除を軽視することは不適切です。「4×□＝△」という4の段のかけ算九九の逆演算としてのわり算は包含除であり，上で紹介した具体的操作も，等分除より包含除の方が簡単であることがわかります。

　同じ3年でこの後に指導する「あまりのあるわり算」（30÷4＝7・・・2を例にします）では，「30個のお菓子を4個ずつに分けると，何人に分けられますか」「30cmのテープを4cmずつに分けると，何本に分けられますか」のような包含除の問題が適切です。

　一方，「30cmのテープを同じ長さで4本に分けると，1本何cmになりますか」という等分除の問題では，1本7cmで2cmのテープがあまるという答えに結びつかず，1本7.5cmという答えの方が適切になります。テープの長さなどは，**「連続量」**といって，最小の量が決まっておらず，どこまでも小さくできる量です。連続量で等分除の問題で，あまりのあるわり算を指導することには，このような問題があり不適切です。

　最小の量が1個と決まっているお菓子などに関する「30個のお菓子を4人に同じ数ずつ分けると，1人何個になりますか」という問題では，1人にできるだけ多く分けるという条件が必要になることに気づかせるのが大切です。あまりを除数より小さくすることの指導のために，このような等分除の問題を利用することも考えられます。

2次元から3次元へは
類比の宝庫！

2次元の平面図形を学習して，その後で3次元の立体図形を学習すると，よく似た性質があることに気づくことができます。長方形と直方体，正方形と立方体，そして本単元で学習する円と球にも，よく似た性質があります。

図形領域では，3次元空間に存在する立体図形も学習することになっていますが，立体図形として出てくる直方体や立方体は「はこの形」，球は「ボールの形」，円柱は「つつの形」として，1年の「かたちづくり」から親しんできています。

そして，4年で学習する「直方体と立方体」は，2年で学習した「長方形と正方形」と，とてもよく似た性質をもっているのです。例えば，直方体の面は長方形か正方形になっており，立方体の面はどれも正方形です。また，長方形の隣り合う辺や向かい合う辺の関係は，直方体の隣り合う面や向かい合う面の関係ともよく似ています。

5年で学習する「直方体と立方体の体積」では，4年で学習した「長方形と正方形の面積」の公式とよく似た，次のような公式を学びます。

長方形の面積＝たて×横　　　**直方体の体積＝たて×横×高さ**

正方形の面積＝1辺×1辺　　　**立方体の体積＝1辺×1辺×1辺**

BがAとよく似た性質をもっているとき，BはAと類比的であるといいます。類比に対応する英語は*Analogy*（アナロジー）です。類比的であることをもとにして，Aの学習で成り立ったことが，Bの学習でも同じように成り立つのではないかと予想することを，**「類比的推論」**，略して**「類推」**といいます。「直方体と立方体の体積」の公式の学習では，「長方形や正方形の面積」公式からの類推が正しい結果を導くことに気づけます。

さて，本単元は「円と球」です。円や球の学習で，中心，半径，直径についての同じような図が出てきますので，次ページに載せておきます。

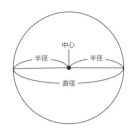 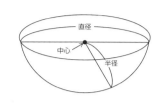

　「円の中心から円周までひいた直線を半径といい，中心を通って，円周から円周までひいた直線を直径という」というのが，円の学習で出てくる半径と直径の定義です。また，1つの円の直径は全部同じ長さで，半径の2倍です。

　一方，上・右の図は，球を半分に切ったもので，「この切り口の円の中心，半径，直径が，それぞれ球の中心，半径，直径という」というのが，球の中心，半径，直径の定義です。円の学習で出てくる定義が球の定義でも用いられているわけです。「半分に切る」ということは，球の中心を通る平面で切ることと同じで，そうすると，円の半径と直径を定義した円が現れることになります。また，球の場合も円と同じように，1つの球の直径は全部同じ長さで，半径の2倍です。

　球がどこから見ても円に見えることにも気づかせます。このような立体図形は球だけで，直方体や立方体は，真上，真横，真正面から見ると長方形や正方形に見え，円柱も真上から見ると円が現れます。これらは，投影図の考え方で，3次元の立体図形を2次元平面に表現するという1つの方法です。

　3次元の立体図形を2次元平面に表現するもう1つの方法が，切断です。球は，中心を通る平面で切らなくても，どこで切っても，切り口に円が現れ，中心を通る平面で切ったときが一番大きな円です。このことは，円を直線で切ったとき，中心を通る直線（直径）が一番長いことと類比的です。

　円の直径の測り方は簡単ですが，球の直径の場合には，ブックエンドや窓枠を使って挟むなどの工夫が必要です。2次元から3次元への類比がうまくいく場合もあれば，うまくいかない場合もあるというのが現実なのです。

アンケートをとって棒グラフに表そう！

> 　3 年の棒グラフの学習では，与えられた表をもとにして棒グラフを表すものが多いですが，日常生活で棒グラフを用いるためには，何を調べるかを決めてアンケートなどでデータを集めるところから始めなければなりません。

　ここでは，単元内での棒グラフの表し方については既習として，単元末で行う，「棒グラフを活用して学級新聞をつくろう」という数学的活動を考えていきましょう。

　単元内での棒グラフの学習で教科書に載っている表は，すでに整理されたもので，生のデータが掲載されていることは少ないでしょう。しかしながら，日常生活の中で棒グラフを活用しようとすると，生のデータを「正」という字を使って整理して表をつくり，その後で棒グラフに表すことになります。

　学級新聞をつくる目的は，学校生活をよりよくすることだと思われますが，好きなペットやスポーツを取り上げたとしても，あまりそれにつながらないような気がします。そこで，学校全体で取り組んでいるテーマにかかわって，例えば「読書をしよう」であったら，図書室で借りられている本のデータを，「けがをなくそう」であったら，保健室で記録されているけがのデータを利用することになるでしょう。

　これらのデータに関しては，4 年で学習する「2 次元の表」につながるものである点に注目すると，3 年と 4 年で一貫した学習が可能になります。

　例えば，図書室で借りる本の場合，貸し出された冊数に影響することとして，「学期・月」「曜日」「学年」「組」「本の種類（ジャンル）」などが考えられます。ですから，これらのどれかに注目して，「正」の字を使ってデータを整理して，表をつくっていくことになります。4 年では，「学期・月」「曜日」など時間に関する要因と，「学年」「組」など子どもに関する要因との関係を 2 次元の表に整理することができます。また，それらと，「本の種

類」との関係に着目すると，「何年生でどんな本が読まれているか」なども調べることができるようになります。3年生は，4年や5年で多く読まれている本に興味がわいてくるかもしれません。

　保健室で調べる「けが」にしても，「学年」「組」だけでなく，けがの「学期・月・時間」や「場所」，そして「種類」のデータが得られるでしょう。3年では，これらのどれかに注目して棒グラフに表します。そして，この場合も4年で，時間に関する要因と子どもに関する要因との関係だけでなく，それらとけがの「場所」「種類」などとの関係を2次元の表に整理することが考えられます。

　「読書をしよう」「けがをなくそう」といった学校全体のテーマを学級活動などで取り上げるとともに，3年と4年で，算数で学習した棒グラフや2次元表を工夫した学級新聞を作成するという，面白い学習が計画できるように思います。その際，3年では，注目する要因がたくさんあるため，棒グラフが多様に作成されます。また，4年でも関係づける要因が多様なので，2次元表も多様に作成されることでしょう。

　さて，「選べる給食」という学校全体のイベントを取り上げた実践も有意義なものです。「学年」ごとに「好きな給食メニュー」を調べて棒グラフに表すのです。他の学年で好かれている給食が，学級新聞を読めばわかるので，面白いのではないかと思います。

　図書室や保健室にあるデータと違って，「好きな給食メニュー」の場合は，アンケートのとり方についての工夫が必要です。給食室にあらかじめ取材に行って，「選べる給食」で用意できるメニューを，10個ぐらい聞いておくとよいでしょう。その中から選んでもらうようにアンケートを作成するのです。そうしておかないと，人気ナンバーワンを決めても，その給食メニューが実際には食べられない学年や学級が生じてしまいます。

　いずれにしても，**「棒グラフ」に表すことの必要性を常に意識した教材づくり**が求められると思います。

かけ算の筆算の答えを 1 段で書くのはなぜ？

かけ算は 3 年から筆算を教えますが，（ 2 位数）×（ 1 位数）の計算は 3 段で書いていけば，わかりやすく計算できます。しかしながら，（ 2 位数）×（ 1 位数）の計算を 1 段で書くようにしなければならない理由があるのです。

前時の授業では，「1 個23円のクロワッサンを 3 個買います。代金は何円ですか」という問題で，右のような筆算を導入します。この答えの69を 1 段で書くことは簡単で，一の位の 9 から書いても，十の位の 6 から書いても構いません。しかし，本時の学習で，「1 個28円のクロワッサンを 3 個買います。代金は何円ですか」という問題では，繰り上がりが出てくることから，前時の段階で 1 の位から計算させておこうという判断があってもいいと思います。

$$\begin{array}{r} 2\,3 \\ \times\quad 3 \\ \hline \end{array}$$

$$\begin{array}{r} 2\,8 \\ \times\quad 3 \\ \hline \end{array}$$

しかしなから，前時の段階では一の位から計算する必然性がないため，教え込みになるので，「一の位から計算するとよい」と気づくのは本時で，しかも子ども自身がそれに気づくことが大切だという意見にも根強いものがあります。このような議論は 2 年「たし算」(pp.24-25) でもなされていますので参照してください。

3 の段のかけ算九九を使うということには気づけますが，前時と同じように答えを 1 段で書こうとすると，624となってしまいます。答えが大きくなりすぎるので間違いであることがわかり，8 × 3 ＝24の答えの十の位の 2 が繰り上がるので，筆算の仕方をさらに考えます。そのとき，右のように，

$$\begin{array}{r} 2\,8 \\ \times\quad 3 \\ \hline 2\,4 \\ 6\,0 \\ \hline 8\,4 \end{array}$$

筆算の途中の計算を 3 段で書けば，2 位数同士のたし算を使って，答えの84に辿り着くことになります。十の位の計算から先にしても，60＋24＝84で答えに至ります。

（２位数）×（１位数）の筆算計算を３段で書けば，このように計算の過程も表しながら，答えに辿り着けるので，３段で書いてよいと教えていいのではないかという考えが生まれるのではないでしょうか？

　本書の *pp.*10-11や *pp.*32-33でもお話ししていますが，算数の指導で，活動を通して子どもに考えさせるべき知識を**「論理−数学的知識」**といい，教師から子どもに教えるべき知識を**「社会的知識」**といいます。（２位数）×（１位数）の筆算計算で，１位数同士のかけ算が２けたになる場合は，十の位からではなく一の位から計算するとよいということは論理−数学的知識ですが，３段で書いていてはダメで，答えは１段で書かなければならないということは，教師が教えなければならない社会的知識だと考えられます。

　そのことをしっかり定着させておかないと，３年で次に教える（２位数）×（２位数）の筆算計算で，つまずいてしまうことになるのです。右のような計算では，28×３の答えの84を１段で書けていないと，次の28×40の計算も，同じ筆算形式の中で行って，84＋1120のたし算につなげていかなければならないからです。

$$\begin{array}{r} 2\,8 \\ \times\ \ 4\,3 \\ \hline 8\,4 \\ 1\,1\,2 \\ \hline 1\,2\,0\,4 \end{array}$$

　28×３の答えを１段で書くことを社会的知識として与えるとしても，答えの84を簡単に得るためにできる工夫があります。それは，３×８の答え24の十の位の「２」を大きく書くのではなく，右のように，上に小さく書いておくというものです。このように，繰り上がる数を小さく書いておくという工夫は，これまでにも行ったことがあります。それは，２年で学んだ「たし算の筆算」で，右のように，繰り上がる「１」を上に書く工夫です。

$$\begin{array}{r} 2\,8 \\ \times\ \ 3 \\ \hline {}^{2}4 \end{array}$$

$$\begin{array}{r} 1 \\ 2\,8 \\ +\ 3\,4 \\ \hline 2 \end{array}$$

　この「１」は，たされる数（被加数）の上に書くのが普通です。十の位の計算では１＋２＋３とたして，答えの62が得られます。一方，３×８＝24ではこの工夫と同じように繰り上がる「２」をかけられる数の上に書くと混乱が起きるので，上のように，下側に書いて区別しているのです。

（2位数）÷（1位数）で
簡単な場合とは？

48÷6や63÷7など，九九の1回適用が3年で扱う除法の基本ですが，60÷3や48÷4なども3年で教えることになっています。「簡単な場合の除数が1位数で商が2位数の除法」とはどんなことなのでしょう？

　3年では，等分除や包含除として除法を導入し，「あまりのある除法」も学びます。これらの除法は，乗法九九を1回適用してできる除法です。例えば，50÷6は除数の6の段の九九から「6×8＝48」を想起して，商が8であまりが2と答えます。66÷7は除数の7の段の九九から「7×9＝63」を想起して，商が9であまりが3と答えます。このように，3年で学ぶ除法の基本は，「あまりのある除法」も含めて，乗法九九を1回適用してできる除法なのです。

　ところが，「簡単な場合の除数が1位数で商が2位数の除法」として，60÷3や48÷4などが，例えば「大きい数のわり算」という3年の単元で扱われています。被除数が48の場合を例にすると，除数が2，4，5，6，7，8，9の場合が3年で扱われ，除数が3の場合だけが4年で扱われるという結果になっています。

　解説書に書かれている「簡単な場合の除数が1位数で商が2位数の除法」とはどんなことなのか，調べてみてください。

　「一つは，80÷4や90÷3のように，被除数が何十で，被除数の十の位の数が除数で割り切れる計算である。（中略）もう一つは，被除数が2位数で，69÷3のように，十の位の6と一の位の9がそれぞれ除数の3で割りきれる除法である。69÷3の場合，単位の考えによる60÷3の計算の仕方の理解に立ち，児童自らが2位数の乗法と同じように69を60と9に分けて捉えた上で，60÷3＝20，9÷3＝3として答えは23と考えることができる」（文部科学省，2018，*p*.148）

このように考察すると，48÷2や48÷4も，この類型に入ることになります。その他では，除数が6や8の場合は割り切れますし，除数が5，7，9の場合は，九九の1回適用でできる「あまりのある除法」の範囲です。

　ところが，48÷3の場合はどうでしょうか。実は，この類型が，九九の2回適用の除法として，4年で筆算を中心に学習するものなのです。実際に筆算をしてみてください。

　右は筆算の途中で，40÷3をしたところを示しています。結果的に，48を40と8に分けて捉えるのではなく，30と18に分けて捉えることになります。18÷3が九九の2回目の適用です。

$$
\begin{array}{r}
1 \\
3 \overline{\smash{)}\, 4\,8} \\
3
\end{array}
$$

　詳しくは，4年のわり算でも扱うことになりますが，わり算の筆算が必要になるのは，このような**九九の2回適用**が必要な除法の場合なのです。商の十の位が「1」のものだけではなく，72÷3などの筆算も試してみてください。この場合は，商の十の位に「2」が立ちますね。

　10個入りで売られているキャラメルの箱や，10枚1組になっている色紙などを教材にして，筆算の指導をするとうまくいきます。48枚の色紙や72個のキャラメルを3人に同じ数ずつ分ける等分除で考えてみます。1回目に，色紙10枚ずつ，あるいはキャラメル20個ずつ分けるときには，色紙10枚入りのビニール袋や，10個入りのキャラメル2箱を開ける必要はないのです。九九の2回目の適用場面で，18÷3や12÷3の計算をするときに，色紙10枚やキャラメル10個を取り出して，等分除による計算をすることになるわけです。

　一方，3年で扱う48÷2や48÷4などは，あえて筆算にするまでもなく，（1位数）÷（1位数）の簡単なわり算で商を求めることができるのです。

〈引用・参考文献〉
・文部科学省（2018）『小学校学習指導要領解説　算数編』

日常生活では分数より小数の方が多く見つかる?

3年で小数を導入しますが,「身のまわりで小数が使われているものをさがしましょう」という活動がよく取り入れられるのに対して,2年から導入されている分数を日常生活から見いだす活動はあまりなされません。

2年の測定領域で,長さの普遍単位（cm や m）やかさの普遍単位（L や dL）を学習したことをもとにして,3年では,整数では表せないはしたの量を表すために小数や分数が指導されます。分数の場合には,そのような分数の意味を**「量分数」**と呼んでいます。

「量分数」の指導では,1 m を3等分した2つ分の長さを「3分の2メートル」,1 L を4等分した3つ分のかさを「4分の3リットル」ということを指導します。「m」や「L」などの単位をつけて表す分数だと考えて構いませんが,日常生活の中にそのような量分数がたくさん存在しているわけではありません。

それに対して,はしたの量を表すために指導する小数は,日常生活の中に数多く存在しています。ジュースなどの飲料水の量や,やかんや水筒などに水が入る量,ガソリンの量,マラソンの走る距離,ボールペンやシャープペンシルの芯の太さなど,挙げればきりがないくらいです。子どもたちが毎年度受ける身体検査でも,身長や体重,そして体温や視力なども小数で表されています。

私は,教員養成大学の学生に,日常生活の中で出合った小数と分数を報告するレポートを課したことがあります。そうすると,分数については,新しい報告や発見がほとんど出てこないのですが,小数については,意外なところに小数が使われていることが報告されます。例えば,スマートフォンとパソコンを USB でつなぐコードの長さ,スパゲッティの太さ,PM2.5などです。

PM2.5とは，大気中に浮かんでいる，粒の直径が2.5μm（マイクロメートル）以下の極めて小さい粒子状物質です。マイクロとは100万分の1のことですから，2.5μmとは2.5mの100万分の1の長さです。「μm」を算数で教えるわけではありませんが，1mの1000分の1に当たる「mm」は2年で教えていますので，**ミリが1000分の1で，その1000分の1がマイクロだということ**を，教師は知っていた方がいいでしょう。そうすると，2.5μmは2.5mmの1000分の1だとわかり，2.5mmの長さはイメージできるでしょうから，2.5μmの微小さがわかるような気がしてきます。

　このように，日常生活で使用されている小数でも，調べなければ意味がわからないものもあり，教材研究しておかないと，子どもたちに「小数さがし」をさせても，教師もその小数の意味がわからないということになりかねません。

　先に例示した視力もその1つです。視力検査では，アルファベットの「C」に似た図形（**「ランドルト環」**といいます）を見て，切れ目の向きを答えるという検査を行うのが一般的です。この方法で検査する視力「1.0」という数値は，直径7.5mm，幅1.5mmのランドルト環を5m先で識別できる状態のことを指しています。

　通常の視力検査表には視力0.1〜2.0のランドルト環が描かれており，数値の大きいランドルト環は規則的に小さくなっているので，小さなランドルト環を識別できるほど視力がよいことになります。視力が0.1未満で，それに対応する最も大きなランドルト環が識別できない場合には，どうすればいいのでしょうか。5mという距離を近くしていくという方法にも気づくことができるのではないでしょうか。

　視力に対応するランドルト環の直径や幅が，どのように変わっているかということについては，6年で反比例の発展教材として扱うと面白くなっていくかもしれません。

　「小数さがし」に併せて，その小数の意味を考えていくことが大切だと思います。日常生活では意味を知らないで使っていることも多いのです。

整数の筆算との違いが
指導のポイント？

> 3年では「小数のたし算・ひき算」を筆算で計算することを扱います。その際，繰り上がりや繰り下がりの処理も含めて，整数の筆算と同じように計算できるのですが，指導のポイントになるのはどのようなことでしょうか？

　繰り上がりがあるたし算や，繰り下がりのあるひき算を含めて，右のように，整数と同じように計算すれば，小数のたし算もひき算も，正しく答えを求めることができます。

$$\begin{array}{r} 2.7 \\ +\,5.6 \\ \hline \end{array}$$

　小数点がないものと考えれば，2年で学んだ「2位数同士の加法・減法」と何ら違いはないことになります。そのため，ここまでの計算でつまずくことはほとんどないでしょう。

$$\begin{array}{r} 7.5 \\ -\,4.7 \\ \hline \end{array}$$

　ところが，右に示しているような場合はどうでしょうか。「2位数同士の加法」と考えると，答えは7.0になります。

$$\begin{array}{r} 4.2 \\ +\,2.8 \\ \hline \end{array}$$

　しかしながら，小数の加法とすると，ジュースやお茶のかさを答えるのであれば，7.0L と答えるのではなく，7L と答えるべきでしょう。答えに書く場合には，小数点以下の0は省略することを押さえる必要があるのです。

　では，右に示すような3.7＋2や4＋1.8の場合はどうでしょうか。整数の「2」を「2.0」と見たり，「4」を「4.0」と見たりして，3.7＋2.0や4.0＋1.8の筆算をすれば，これらも「2位数同士の加法」と考えて計算できることがわかります。

$$\begin{array}{r} 3.7 \\ +\,2 \\ \hline \end{array}$$

$$\begin{array}{r} 4 \\ +\,1.8 \\ \hline \end{array}$$

　ここで注意が必要なのは，**「2位数同士の加法」の考えが使えるように統合しようとする前の段階でつまずいている場合がある**ということです。

これまでに学習してきた小数の加法では，小数点以下のけ
た数が同じ小数の和を筆算で求めてきていました。そこで，
小数点の位置を揃えて筆算に表すのではなく，右のように，
小数点以下の末位（一番小さい位）を合わせて筆算に表す間
違いが出てくる可能性があるということです。

```
  3.7
+   2
─────
```

```
    4
+ 1.8
─────
```

　「2」を「2.0」と見たり，「4」を「4.0」と見たりする考えは，小数点
の位置を揃えて筆算に表すことにもつながり，このつまずきを克服する方策
にもなっているわけです。

　「小数のひき算」も同様です。「2位数同士の減法」と考
えることでうまくいきますが，右に示しているような場合に
注意が必要になります。4.3−1.3の場合には，答えを「3.0」
とするのではなく「3」とします。6−2.4の場合には，
「6」を「6.0」と見て計算します。このように，小数点以下
の「0」を，計算の途中で補ったり，答えに書くときには省いたりする必
要があるところが，つまずきやすいポイントになります。

```
  4.3
− 1.3
─────
```

```
    6
− 2.4
─────
```

　「小数のひき算」の答えを書くときに，小数点以下の末位
の「0」は省きますが，一の位に「0」を補う必要がある
ことにも注意が必要です。右に示している6.4−5.8の場合，
「2位数同士の減法」と考えると「6」になりますが，この「6」は小数第
1位にあるので，「0.6」と答えます。

```
  6.4
− 5.8
─────
```

　最後に，右に示している3−2.7の筆算を考えましょう。
小数点の位置を揃える，つまり「3」を「3.0」と見ること
は，これまでの計算と同じですが，それだけではなく，答え
は「3」ではなく「0.3」であることにも気づかせなければなりません。

```
    3
− 2.7
─────
```

3 年
三角形と角

ストローでつくる三角形で
導入するよさとは？

> 3年「三角形と角」の導入では，色によって長さが異なるストローをたくさん
> 用意して，それをつないで三角形を数多くつくった後で，それを分類する活動を
> 行いますが，それにはどのようなよさがあるのでしょうか？

ア　　　　　　イ　　　　　　ウ　　　　　　エ

　子どもたちがつくる三角形は，上に示すものだけではなく，正三角形
（3つの辺のストローの色が同じ，つまり辺の長さがすべて等しい三角形）
や不等辺三角形（3つの辺のストローの色が違う，つまり辺の長さがすべ
て違う三角形）などもたくさんあるのですが，ここでは，二等辺三角形の導
入につながる議論を紹介するために，4つの三角形（ア，イ，ウ，エ）を
取り上げます。

　まず，アの三角形を同じ仲間だといえる三角形を探させます。その際に，
同じ仲間にした理由も併せて発表させることが大切です。それが二等辺三角
形の定義づくりにつながってくるからです。子どもたちは，たくさんの三角
形の中からイの三角形を探し出し，同じ仲間にした理由として，「赤い（一
番薄い灰色の）ストローが2本あるからです」と発表するでしょう。

　「他の三角形を，アと同じ仲間に入れた人はいませんか？」 と発問して，
ウの三角形を同じ仲間にしている子どもを探し出して，その理由を発表させ
てください。「○○さんは，赤いストローが2本だと言ったんですけど，私
は，色は赤でなくてもいいと思います。ウは黄色いストローが2本だけど，
アの三角形と同じ仲間にしてもいいと思います」

読者の皆さんは，これはすごい議論だとは思いませんか。３年生なりに，二等辺三角形の集合づくりをしているのです。「２つの辺の長さが等しい三角形を二等辺三角形といいます」という定義になるわけですから，二等辺三角形に含めるかどうかという判断としては，ウの三角形も含めるという考えがとても大切なものになってくるわけです。

　実は，正答が多様に可能となるような問題を「オープンエンドの問題」といいますが，この項で取り上げているのは**「分類の問題」（How to Classify）**と呼ばれる「オープンエンドの問題」です（島田，1995）。「赤いストローが２本だから」としてイの三角形だけを同じ仲間にする答えも正答の１つであり，これを間違いだとすることはできないのです。このように，多くの正答の中から，「２つの辺の長さが等しい三角形」という集合づくりを取り上げて，これを二等辺三角形の定義にしていくことになります。

　この次に子どもたちに考えさせてほしいことは，エの三角形を二等辺三角形だといえるかどうかについてです。エの三角形は，いわゆる底辺（二等辺三角形で等しい辺ではないもう１つの辺）が，水平になっていません。これを，算数教育では，**「教科書の位置」**にない三角形といいます。三角形の底辺が教科書の上下の辺と平行になっていれば，三角形が安定しているように見え，教科書に載っているほとんどの図形は，「教科書の位置」になっています。しかしながら，「教科書の位置」になっていない図形も二等辺三角形に含める，正しい集合づくりをしていくことが求められます。

　この後は，「３つのストローが同じ色になっている」という集合づくりから，正三角形の概念形成へと進むわけですが，色によって長さが異なるストローをたくさん用意して本単元を導入するよさがわかったでしょうか。三角形を分類して二等辺三角形や正三角形の定義づくりをしていく際の観点として，**「長さが等しい辺の数」**に焦点化していく必要があるからなのです。

〈参考文献〉
・島田茂編著（1995）『算数・数学科のオープンエンドアプローチ　授業改善への新しい提案』東洋館出版社

量分数をもとにした「分数ものさし」づくり

> 3年の分数学習では「1mを3等分した1つ分の長さ」として$\frac{1}{3}$mという量分数を指導しますが，1mを3等分したテープ図をつくることは，2等分や4等分する場合とは違ってとても難しいものです。

　2年で「簡単な分数」を導入したときには，正方形の折り紙を半分に折ったりそれをまた半分にして$\frac{1}{4}$をつくったりしますが，折り紙で$\frac{1}{3}$を指導することは難しいという声があります。新学習指導要領では，2年で$\frac{1}{3}$も指導することとなっており，その場合には，折り紙ではなく，12個のおはじきなどを2，3，4等分する場面が取り入れられることになるでしょう。

　3年の分数学習は，小数の学習とも関連して，整数ではちょうど測れない，あまりが出る場面で分数の必要性を感じさせる必要があります。そこで，「1mを3等分した1つ分の長さ」として$\frac{1}{3}$mを導入することが一般的になされています。これが，「量分数」という分数の意味にあたり，分数の右に「単位」がついているところが特徴です，「$\frac{2}{3}$L」なども量分数ですが，以下では，長さに焦点化してお話しを続けましょう。

　$\frac{1}{2}$m，$\frac{1}{4}$m，$\frac{1}{5}$mなどは，小数でもそれぞれ0.5m，0.25m，0.2mと表せるので，分数を用いて長さを表す必要性があまりありません。そこで，$\frac{1}{3}$m，$\frac{1}{6}$m，$\frac{1}{7}$mなど，小数ではうまく表せない量分数に気づかせていくことが大切になります。

次に示しているテープ図は 1 m のテープ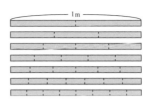
を 2 等分，3 等分，4 等分…していったも
ので，数直線にもつながっていく図です。こ
れが量分数の指導では有用であり，これは，
4 年でも学習する「分数の大きさ」をイメー
ジするうえでも基礎となっていく，分数の表現の 1 つといえるものです。

先ほど言ったように，$\frac{1}{2}$ m や $\frac{1}{4}$ m，$\frac{1}{8}$ m も折って簡単につくれますが，
それ以外の量分数をつくるのは難しく，指導の工夫が求められてくるところ
です。**「分数ものさし」**という量分数づくりの工夫がありますので，紹介しま
す。

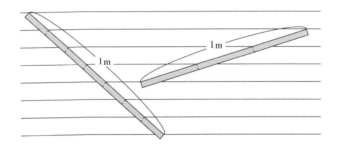

同じ幅に直線がかかれた模造紙の上に，上の図のように 1 m の長さのテ
ープを置いたとき，このテープの上側の直線と模造紙上の直線との交点が
$\frac{1}{3}$ m や $\frac{2}{3}$ m，そして，$\frac{1}{7}$ m〜$\frac{6}{7}$ m などの目盛りを示すことがわかります。
このようにしてつくったテープ図を，分母が 2 〜 8 の量分数を表すテープ
図として整列させたのが，このページの上に示した図なのです。この「分数も
のさし」と，分母が多様なテープ図との関係にも気づかせたいですね。
「分数ものさし」は，（小山・飯田，2019，*p.*54）を参照しています。

〈参考文献〉
・小山正孝・飯田慎司他（2019）『小学算数（3 年下）』日本文教出版

遠足で 1 kg だと思う石を拾ってこよう！

測定領域に含まれる長さやかさの概念形成では，1 m や 1 L などの「単位となる量についての感覚」が大切です。それに対して重さは目に見えない量ですから，1 kg の感覚を養うにはどうすればいいのでしょうか？

2年の測定領域の長さ（cm や m）やかさ（L や dL）の普遍単位の学習では，「テープの長さが何 m 何 cm か」「ジュースのかさは何 L 何 dL か」といった測定を行いますが，その際，ものさしやリットルますなどを用いて実際に測定する前に，「何 m ぐらいかな？」「2 L は超えるかな？」など，量の大きさについての感覚（量感）をもたせることが大切です。

テープの長さもジュースのかさも，目に見える量ですから，測定の経験を積んでいくにつれて，次第にこのような量感がついていきます。予想した量と実際の量とが大きく離れていないようになるためには，「1 m」「1 L」などの**「単位となる量についての感覚」**が頼りになります。あまりが出るときには，cm や dL などの単位を使えばいいですし，小数や分数で表す方法も3年で学びます。

それに対して，重さは目に見えない量であり，「何 kg 何 g か」という測定はできるようになったとしても，重さを正しく予想する手がかりがないために，量感をもたせることが難しいと言われています。目で見てもわからないのですから，手でもってみるしかありません。

ここでは，3年の学校遠足で取り入れることのできる，「単位となる量についての感覚」の体験について紹介します。遠足に行ったときに，**「自分が1 kg だと思う石を1つ拾ってこよう！」**という活動を行うのです。歩いている途中で石を拾うことは危険なので，目的地である公園などに着いた後，昼食後の休憩時に，自分が 1 kg だと思う石を1つだけ選んで，もって帰らせます。

学校に向けて出発する前に学級で集まったときに，３年の算数で学習した他の量に関する量感を取り入れたゲームを行うことも考えられます。全員が立って，**「30秒経ったと思ったら座る」**というゲームをするのです。

　全体で１回やってみます。30秒に最も近い時間に座った子どもが優勝です。教師によるストップウォッチの使い方にも注目させておきます。４～６人グループに分かれて，同じゲームの練習をさせます。その際には，ストップウォッチ係を交代でやらせると，測定の技能の習得にもなると思います。各グループ内の優勝者による決勝大会を学級で行ってもいいし，最後にもう１回，最初に行ったゲームを学級全体でしてもいいでしょう。

　これは，30秒という量感を扱ったものですが，次の算数の授業では，遠足でもち帰った石の重さを量って，一番１kgに近かった人が優勝だということも予告して，学校への帰路につくわけです。

　「30秒経ったと思ったら座る」というゲームと同じようなゲームを次々に考案することができます。教師が提案するのもいいですが，子どもたちにも気づかせたいところです。「同じようなゲームを考える」ということは，**「類推」**（類比的推論の略）にあたり，新しいものをつくるときに有効なものなのです。私は，次のような３年生の「主体的に学ぼうとする態度」の表れを期待します。

　「30秒でなくて，１分経ったら座るゲームを昼休みに教室でします」

　「１kgの石をさがすゲームをやったから，今度は，昼休みに砂場で，１kgだと思う砂をビニール袋に入れて，教室にもって帰ってはかりで重さを量ってみたいです」

　「公園から学校までが何kmかを当てると全然違っていたので，１kmがどのくらいの道のりなのか，実際に歩いてみたいと思います」

　１番目は30秒から１分に，２番目は石の重さを砂の重さに変えています。３番目は類推を働かせ，重さや時間を長さに変えたもので，３年でも１km歩くと「何歩ぐらいか」「何分ぐらいか」といった追究が可能であり，５年で学ぶ「平均」「速さ」の学習につながる経験にもなるものです。

わり算の筆算は難しい？

> 3 年でわり算を導入しましたが，わり算の筆算を学ぶのは 4 年です。たし算，ひき算，そしてかけ算の筆算に比べると，わり算の筆算は格段に難しいもので，立てた答えを修正しなければならなくなる筆算なのです。

　42÷3 や 72÷3 のように，九九を 2 回適用する筆算が 4 年で学ぶ除法です。これらの計算の仕方を考えさせるために扱われるのが，10 個入りで 1 箱になっているキャラメルや，10 枚入りで束ねている色紙などです。

　42 枚の色紙を，3 人で同じ数だけ分けるという等分除の問題で考えていきましょう。10 枚の色紙を束ねたビニール袋を開ける必要はありません。まず，10 枚入りの色紙を 1 袋ずつ 3 人に分けます。右上の筆算で，商に「1」と書いているのは，実は色紙 10 枚のことなのです。次に 12÷3 = 4 の商の「4」を書いて，1 人分は 14 枚という答えに至ります。

　次に，72 個のキャラメルを 3 人で同じ数だけ分けるという等分除の問題でも考えましょう。この場合は，「7÷3 = 2・・・1」というわり算をして，商の「2」を書きます。これは，キャラメル 2 箱，つまりキャラメル 20 個のことです。次に 12÷3 = 4 の商の「4」を書いて，1 人分は 24 個という答えになります。

　（2 位数）÷（1 位数）のこのような筆算ができるようになった後で，同じ 4 年で，（2 位数）÷（2 位数）の筆算も学習することになっています。例えば，**「65 個のみかんを 1 箱に 21 個ずつ入れると，何箱できて何個あまりますか」** という問題で考えましょう。商を立てるときには 60÷20 のように，わられる数（被除数）とわる数（除数）をともに切り捨てて計算します。商は「3」になり，あまりの「2」が出るところを次の筆算は示しています。

この場合の筆算の商の「3」は正しいのですが，被除数
と除数をともに切り捨てる方法では，仮に立てた商を修正
しなければならない場合があります。

$$\begin{array}{r} 3 \\ 21\overline{)65} \\ 63 \\ \hline 2 \end{array}$$

　右に示している「87÷28」では，被除数と除数をとも
に切り捨てて80÷20を計算すると，商が「4」になり大
きすぎます。被除数と除数をともに切り捨てるのではなく，
四捨五入すると，90÷30となり，正しい商の「3」が得
られるのですが，数値によっては四捨五入をしても，仮の

$$\begin{array}{r} 4 \\ 28\overline{)87} \\ 112 \end{array}$$

商を修正しなければいけないときもあり，万能ではありません。そこで，い
つも被除数と除数をともに切り捨てることにして，仮の商が大きすぎたら
1ずつ減らしていって，いずれ正しい商に辿り着けるという計算方法を指
導しています。

$$\begin{array}{r} 7 \\ 13\overline{)71} \\ 91 \end{array} \quad \longrightarrow \quad \begin{array}{r} 6 \\ 13\overline{)71} \\ 78 \end{array} \quad \longrightarrow \quad \begin{array}{r} 5 \\ 13\overline{)71} \\ 65 \end{array}$$

　上に示しているのは，仮の商を2回修正して正しい商に至る場合の筆算
です。このように，被除数と除数をともに切り捨ててわり算をすることに統
一しておいて，仮の商が大きすぎたら1ずつ減らしていって，正しい商が
得られるまで，この操作を続けていくという方法で計算させていきます。

　4年では，（3位数）÷（2位数）の筆算も指導することになっています。

$$\begin{array}{r} 6 \\ 23\overline{)138} \\ 138 \\ \hline 0 \end{array} \qquad \begin{array}{r} 1 \\ 24\overline{)360} \\ 24 \\ \hline 120 \end{array}$$

　上に示している2つの筆算は，商の首位をどこに立てるのかが異なって
いるものです。被除数の一の位の上に立てる場合と，十の位の上に立てる場
合がありますので，区別することが大切です。

1 兆秒はおよそ何年だろう？

> 4年で「およその数」，つまり概数を学びますが，その前に「大きい数」の単元で，一億や一兆という数も学んでいます。そこでここでは，この2つの単元の学習内容を総合するような教材研究をしていきましょう。

　日本の総人口は，2019年6月1日現在，約1億2625万2千人で，前年度の同じ月に比べて，約25万8千人減少していました（総務省統計局の人口推計，2019年11月20日）。

　このような情報をホームページから入手することができるので，ここからでも，4年の算数で学ぶ「大きい数」と「およその数」の教材にしていくことができます。

　「1億2625万2千人の半分は，6312万6千人です。男の人と女の人が，ともに約6312万6千人だといってよいでしょうか？」という「ゆさぶり発問」をしてください。上と同じ資料によると，男性が約6144万1千人，女性が約6481万1千人でした。このことを知らせると，「すごい！　女の人が約300万人以上多いんだ」というような感想が聞かれるでしょう。4年生が算数で学んだことを日常生活に活用している姿だと思います。

　さて，1億に比べて，1兆になると，日常生活や社会生活においてなじみのある数だとは言えません。財務省のホームページからは，国の予算規模がわかる情報があり，2020年度の予算は，約102兆6580億円であったとのことです（財務省，令和2年度予算政府案）。また，いくつかの都道府県の予算では，1兆円を超えているところもありますので，事前に調べて教材化していくといいでしょう。

　それでは，1兆円の重さはどれくらいでしょうか。1万円札1枚が約1gです。1兆円は1万円札1億枚ですから，1億g＝10万kg＝100tになります。ちなみに，1億円は1万円札1万枚ですから，10000g＝10kgです。

1円玉も1枚が約1gであることが知られています。1円玉の1億円は1億gで，先ほどの100tです。1円玉の1兆円は1兆gですから，100万tという重さになります。

　今度は，1万円札で1億円や1兆円を積み上げたときの高さを調べていきましょう。1万円札100枚でできる100万円の束の高さを約1cmとすると，1万円札1万枚でできる1億円を積み上げた高さは，約100cm＝1mになります。約1mだと，とても実感しやすい高さだと言えますね。ところが，その1万倍の1兆円となると，約1万mになりますから，エベレスト（標高8,848m）より高くなることになります。

　1億円や1兆円の重さや高さについて考えてきましたが，最後に，1億秒や1兆秒という時間についても考えていきましょう。「秒」という時間の単位についても3年で習っていますので，面白い教材といえるでしょう。

　実際に計算する前に，**「1兆秒は約何年だと思いますか？」**と聞いてみてください。なお，本稿では，1兆円について扱ってきましたので，1兆秒も長い時間であるというイメージができていることと思いますので，「1兆秒は約何年か」という問題は，「1兆円」を学んだ学級とは別の学級で取り上げた方がいいかもしれません。

　間違った予想も出てきた後で，電卓で計算して確かめます。

　まず，1日は24時間です。1時間は60分で，1分は60秒ですから，1日は24×60×60＝86400（秒）です。1年を365日とすると，1年は86400×365＝31536000（秒）になります。3年では，31536000×3＝94608000（秒）です。これを約1億秒と見ると，1億秒が約3年ということになります。ですから，1兆秒はその1万倍なので，約3万年という答えに至ります。

　子どもたちは，約3年の実感しやすさに対して，約3万年が途方もない長い時間であることに驚くことでしょう。1年を365日として計算するのも概数を使った計算で，実際には，「うるう年」「うるう秒」という誤差が生じますので，これは，概数にも大きくかかわっている教材だと言えましょう。

折れ線グラフに表す意義って？

> 4年で「折れ線グラフ」を学びますが，子どもたちが調べたいことを取り上げて，それを折れ線グラフで表すことのよさを実感させたいと思います。どのような事象を取り上げるとよいのでしょうか？

　最近は，教室にエアコンを設置している学級も多くなっていることから，エアコンを使っていない日の教室の温度と，エアコンを使った日の教室の温度とを比べたり，日当たりのよい教室でエアコンを使ったときの温度と日当たりの悪い教室でエアコンを使わなかったときの温度とを比べたりすることが考えられます。また，同じ教室でも，晴れの日と雨の日とで温度変化が違いますので，それを調べることも考えられます。

　下は，教室と図書室の温度を調べた結果を表した折れ線グラフです。

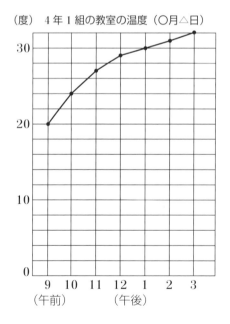

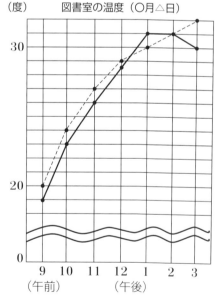

折れ線グラフの学習を終えた後で，班に分かれて調査し，折れ線グラフに表したものですから，図書室を担当した班は，変化の様子を見やすくするために，目盛りを１度ずつにするとともに，省略を示す線を使っていました。調査を始める前に相談しておいて，同じ目盛りの折れ線グラフにすればよかったのに，そのことに後になって気づくというのは，日常生活でもよくあることです。

　そこで，前ページ右の折れ線グラフに，左の折れ線グラフの結果を破線で書き入れてみました。そうすると，２つの部屋の温度の変化の様子だけでなく，変化の仕方の違いにも気づくことができるようになります。これによると，午前中の温度の上がり方はほとんど同じですが，図書室の方が少しだけ温度が低くなっていることがわかります。この日が晴れの日だったのか，曇りや雨の日だったのかによっても違いますが，教室は午後になって温度がなかなか下がっていません。南向き，あるいは西向きで，西日が強く当たる教室なのかもしれません。このような温度変化なので，**「朝からエアコンを使うのではなく，29度を超える正午以降から使うようにする」**といった判断にもつながっていくかもしれませんね。

　折れ線グラフの横軸は，時間をとるのが普通です。時間によって気温や体温などが変化する様子を捉えるために，折れ線グラフが有用であることがわかると思います。そして，なぜ線で結ぶかと言えば，横軸にとっている時間は**「連続量」**（長さ，広さ，かさ，重さ…のように，どこまでも小さな量が存在する量）であり，線で結んで，途中の時間に対する温度にも意味が出てくるからです。

　本稿で取り上げたのは，教室の日中の温度でしたが，いろいろな都市の１年間の気温とか，何十年にもわたる平均気温の変化（地球の温暖化を示すデータとしてよく出てくるものです）なども，折れ線グラフに表すのが一般的です。１年とか50年とかいっても，連続量である時間に変わりはなく，折れ線で結んで変化の様子を捉えることに意義が見いだされるからです。

平行性をもとにした 四角形の分類

> 4 年「四角形」で出てくる図形に台形と平行四辺形があり，向かい合う何組の辺が平行なのかが，台形と平行四辺形との区別です。「垂直と平行」ということを基礎として四角形を分類することの意義について考察しましょう。

　まず，「垂直と平行」の基本的な知識・技能を押さえておきましょう。

　2 年で「直角」は既習なので，直角に交わっている道路などを例にして，**「2 本の直線が直角に交わっているとき，2 本の直線は垂直である」**と定義します。「垂直な直線の作図」には三角定規の直角を使います。そして，「1 本の直線に垂直な 2 本の直線は平行である」として平行を定義し，右に示しているように，三角定規を下にずらしながら，1 本の直線に垂直な直線を 2 本引いて，平行線を作図できるようにします。

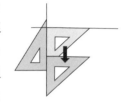

　この単元で指導する台形は「向かい合った 1 組の辺が平行な四角形」として，平行四辺形は**「向かい合った 2 組の辺が平行な四角形」**として定義しますから，次の台形や平行四辺形の作図も，上で紹介した平行線の作図が基本になります。

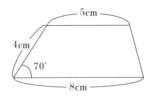

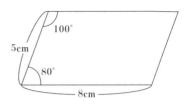

　次の図は，算数・数学教育がもとにしている四角形の体系で，左から右へ四角形を特殊化しています。ユークリッド幾何学とは，中学校 2 年の数学で学習する「三角形の合同条件」や「平行線の性質」などを発展させていく

図形研究のことです。この研究に円滑につなげていくためには、小学校段階からユークリッド幾何学の定義にしたがわなければならないわけです。

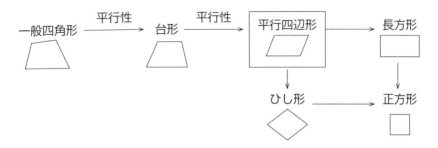

　以下では、「三角形の合同条件」や「平行線の性質」を使って、平行四辺形の向かい合う2辺の長さが等しくなることの証明を思い出しましょう。
　平行四辺形ABCDの対角線ACを引きます。
　△ABCと△CDAにおいて、
　ACは共通です。…①
　平行四辺形の定義から、
　AB∥CD，BC∥DA
　平行線の性質を使うと、
　AB∥CDで，∠BAC＝∠DCA（錯角）…②
　BC∥DAで，∠BCA＝∠DAC（錯角）…③
　①②③より、三角形の1辺と両端の角が等しいので、△ABC≡△CDA
　合同な図形の対応する辺の長さは等しいので、AB＝CD，BC＝DA
　これで証明終了ですが、平行四辺形の向かい合う2角が等しくなることも、ほとんど証明できたことになっていることがおわかりでしょうか。
　平行四辺形を平行性（AB∥CD，BC∥DA）で定義すれば、このように、中学校2年でも学べる証明が可能となります。そして、この証明によって、このページの一番上に示した図式の平行四辺形のところで、平行性から辺や角の相等性に定義づくりの観点が変更されて、4辺の長さが等しいひし形や、4つの角が等しい長方形への特殊化が可能となっていくのです。

スケンプの提唱する
道具的理解と関係的理解って？

> 4年で長方形や正方形の面積を学習しますが，［長方形の面積＝たて×横］という公式について，スケンプという心理学者は，この公式を覚えていて，長方形の面積が求められても，理解しているとはいえないと主張しています。

　［長方形の面積＝たて×横］という公式が成り立つ理由がわかっていなくても，この公式を覚えておけば，たての長さと横の長さが与えられた長方形の面積を正しく求めることができます。当然です。かけ算九九を正しく覚えているから答えが合うだけのことなのですから。

　イギリスのスケンプという心理学者は，「関係的理解と道具的理解」という論文（スケンプ著，平林監訳，1992，*pp.*2-21）を発表して，公式を使って答えが正しく出せるというのは，（公式を道具と見た）**「道具的理解」**であって，本当の理解は，（他の知識と関係づける）**「関係的理解」**であると主張しました。

　スケンプはまた，「道具的理解」は「どうすればよいかがわかっている」（*Understanding what to do*）ことで，「関係的理解」とは，「それがなぜかもわかっている」（*Understanding what to do and why*）ことだとも言っています。それでは，［長方形の面積＝たて×横］という公式に対する関係的理解とは，どのようなことなのでしょうか。

　右の図は，たての長さが4cmで，横の長さが6cmの長方形です。左下にある小さな正方形が，1辺1cmの単位正方形で，たてに4個，横に6個並んでいます。このとき，この長方形全体にこの単位正方形

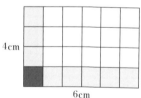

を敷き詰めると，4 × 6 ＝ 24（個）の単位正方形の広さであることがわかります。このことは，たての長さと横の長さがいろいろと変わっても，長方

形の面積はいつでも，たてと横の辺に並ぶ単位正方形の数の積と一致します。面積は，その積の数に単位の「cm^2」をつけた量になります。この長方形の面積は24cm^{2}です。

　スケンプは，この理解論を発表した論文の中で，理解に2通りの意味があることの比喩として**「同音異義語」**という表現を使い，その例として，イギリスで人気のあるフットボールを挙げています。サッカーが一般的なフットボールですが，ラグビーもラグビーフットボールと呼ばれるフットボールの一種なのです。これが「同音異義語」だという認識がなければ悲劇が起こります。サッカーをしているときに，ある選手が楕円形のボールをもって一目散にゴールラインに向かって走り出し，倒れ込む（トライする）のですから。スケンプは，これと同じことが算数の教室でも起こっていると言います。教師は「関係的理解」が本当の理解だと思って指導したいのに，子どもたちは「道具的理解」が理解だと思って，公式を覚えて長方形の面積が正しく求められていることだけで満足しているのです。

　もっと不幸な状況があるとも言います。子どもたちが「長方形の面積公式が成り立つのはなぜだろう？」と「関係的理解」を求めているときに，教師が「道具的理解」以外の理解があることを知らないために，この公式を教え込み，面積を求める計算練習ばかりをさせている算数の教室があり得るのです。**「理解」という概念にも「同音異義語」がある**というエピソードです。

　4年で長方形の面積を学んだら，今度は5年で平行四辺形や三角形の面積を，長方形の面積と関係づけて学びます。ここでも，スケンプのいう「関係的理解」が理解の本質であって，公式だけを覚える「道具的理解」を理解だと判断してはいけません。

　「先生。私は理解しています。だって答えが合っているでしょう」という子どもにも理解の本質を語りかけるべきなのです。

〈参考文献〉
・スケンプ著，平林一榮監訳（1992）『新しい学習理論にもとづく算数教育　小学校の数学』東洋館出版社

相関関係の発見につながる2次元の表

　3年「棒グラフ」の学習と関連が深い4年の学習内容として,「2次元の表」があります。保健室にあるけがのデータや,図書室にある本の貸し出しデータなどから,相関関係の発見につながるような教材の開発もできます。

　3年「棒グラフ」の学習では,「棒グラフを活用して学級新聞をつくろう」という数学的活動で,生のデータを「正」という字を使って整理して表をつくり,その後で棒グラフに表してきました。学級新聞をつくるときには,学校全体で取り組んでいるテーマにかかわって,例えば「けがをなくそう」であったら,保健室で記録されているけがのデータを,「読書をしよう」であったら,図書室で借りられている本のデータを利用します。

　以下では,3年「棒グラフ」と4年「整理のしかた」の学習を関連づけながら,「けがをなくそう」については概略の説明にとどめ,「読書をしよう」について,詳しく解説していきます。

　保健室で調べる「けが」については,「学年」「組」だけでなく,けがの「学期・月・時間」や「場所」,そして「種類」のデータが得られますから,3年では,これらのどれかに注目して棒グラフに表します。そして,4年で,時間に関する要因と子どもに関する要因との関係だけでなく,それらとけがの「場所」「種類」などとの関係を2次元の表に整理することが考えられます。

　図書室で借りる本の場合,貸し出された冊数に影響することとして,「学年」「曜日」「本の種類(ジャンル)」などが考えられます。3年では,これらのどれかに注目して,「正」の字を使ってデータを整理して棒グラフに表します。4年では,「学年」と「曜日」や,「学年」と「本の種類」との関係に着目して,次に示しているような2次元の表に表すことができます。これらの表からどのようなことがわかるか考えてみてください。

図書室で貸し出された本　　令和○年○月○日（月）～○日（金）

学年	本の種類	曜日
5 年	伝記	木曜日
4 年	科学	水曜日
5 年	小説	金曜日
6 年	小説	金曜日
1 年	童話	月曜日
2 年	図かん	火曜日
2 年	童話	月曜日
6 年	科学	木曜日
5 年	伝記	金曜日
6 年	スポーツ	水曜日
3 年	伝記	水曜日
4 年	科学	金曜日
4 年	小説	火曜日
5 年	伝記	木曜日
1 年	童話	水曜日

学年	本の種類	曜日
6 年	事典	金曜日
6 年	小説	木曜日
4 年	図かん	水曜日
3 年	伝記	火曜日
4 年	科学	月曜日
4 年	伝記	木曜日
1 年	図かん	月曜日
4 年	伝記	木曜日
6 年	科学	金曜日
5 年	伝記	水曜日
3 年	図かん	月曜日
5 年	小説	木曜日
2 年	童話	火曜日
1 年	図かん	水曜日
6 年	辞書	金曜日

	月曜日	火曜日	水曜日	木曜日	金曜日	合計
1 年	2	0	2	0	0	4
2 年	1	2	0	0	0	3
3 年	1	1	1	0	0	3
4 年	1	1	2	2	1	7
5 年	0	0	1	3	2	6
6 年	0	0	1	2	4	7
合計	5	4	7	7	7	30

	図かん	童話	科学	伝記	小説	その他	合計
1 年	2	2	0	0	0	0	4
2 年	1	2	0	0	0	0	3
3 年	1	0	0	2	0	0	3
4 年	1	0	3	2	1	0	7
5 年	0	0	0	4	2	0	6
6 年	0	0	2	0	2	3	7
合計	5	4	5	8	5	3	30

　低学年は週の前半に図鑑や童話を，高学年は週の後半に伝記や小説を借りているという傾向が表れています。このような傾向を「相関がある」といいます。2次元の表の学習は，統計学の基礎的な経験になっているのです。

2倍や3倍で導入して5年で一般化していく?

百分率や歩合などの「同種の2量の割合」の学習は5年で正式になされますが,4年で「簡単な場合の割合」を扱うことになっています。どのような事象の中に存在している割合を,どのように学習すればよいのでしょうか?

　バスケットボールのフリースローを10回投げて3回ゴールしたときのシュート率の30%とは0.3倍のことで,プロ野球選手が4打数1安打だったときの打率の2割5分とは0.25倍のことです。5年で一般的に学習する割合は,このように小数倍になっているもので,4年「簡単な場合の割合」で扱うものは,割合が2,3,4などの整数で表されるものとされています。

　解説書には,次のように書いてあります。

　「簡単な場合とは,二つの数量の関係が,基準とする数量を1とみたときにもう一方の数量が,2倍,3倍,4倍などの整数で表される場合について,二つの数量の関係と別の二つの数量の関係とを比べることを知る程度を指している」(文部科学省,2018,*p.*218)

　そして,「トマトとミニトマトの値上がり」「二つの平ゴムの伸び」を例示しています(*pp.*218-220)。いずれも2倍と3倍とを比べています。

トマト
1 個で 100 円が 200 円に
2 個で 200 円が 400 円に
3 個で 300 円が 600 円に

ミニトマト
1 個で　50 円が 150 円に
2 個で 100 円が 300 円に
3 個で 150 円が 450 円に

　この場合,1個,2個,3個の場合が与えられているので,「x:もとの値段」と「y:値上げした値段」の間の比例関係が見えやすくなっています。つまり,トマトは$y = 2x$で,ミニトマトは$y = 3x$になっているのです。日常生活場面では,「トマトは2倍,ミニトマトは3倍に値上がりしてい

る」などと表現します。「もとの値段」を100円に揃えたときにトマトが200円、ミニトマトは300円になっていますので、これをもとに「ミニトマトの方がより多く値上がりしている」と考える子どもが多いだろうと思います。

平ゴム A	平ゴム B
50cm が 150cm に伸びた	100cm が 200cm に伸びた

平ゴム自体は、50cm や100cm という長さが決まっているのでしょうが、AもBも、比例関係によって、10cm や20cm のときの伸びを予想することができます。この場合も、「もとの長さ」を10cm や50cm、あるいは100cm に揃えて比べるだろうと思います。

次のような図が解説書に紹介されています（p.220）。

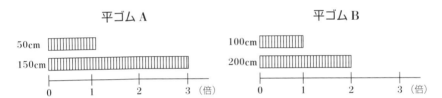

平ゴムの場合は横に伸びることから、このような図に表現しやすいという面があるように思います。そして、平ゴムごとに何倍に伸びる品質かが決まっているでしょうから、その品質（伸びる程度）を2倍や3倍に設定することにも、それほどの不自然さはありません。

最初に紹介したトマトとミニトマトの値上がりについてもそうですが、日常生活場面で2倍や3倍という整数倍で値上げするということは少ないのではないかと思います。小数倍（「2割増」など）で表したり、「100円値上げした」というような差で見たりする方が自然な事象のように思えます。

〈引用・参考文献〉
・文部科学省（2018）『小学校学習指導要領解説　算数編』

同分母分数と
異分母分数の大小比較

> 分数の大小と加法・減法については，同分母分数の場合が4年で，異分母分数の場合が5年で扱われます。異分母分数の場合は通分して，既習の同分母分数の場合に帰着するので，4年の学習がとても大切になります。

　同分母分数の加法・減法ですが，真分数同士の加法・減法で，和が1までの加法とその逆の減法については，3年で指導することになっています。

　具体的には，$\frac{1}{5} + \frac{2}{5} = \frac{3}{5}$ や，$\frac{4}{5} - \frac{1}{5} = \frac{3}{5}$ などです。4年では，和が1を超えて仮分数や帯分数になる加法や，その逆としての減法を含めて扱います。

　分数の大小比較についても，下のような数直線をもとにして，同分母分数の場合を4年で教えますが，その前に，等しい分数について確認しましょう。

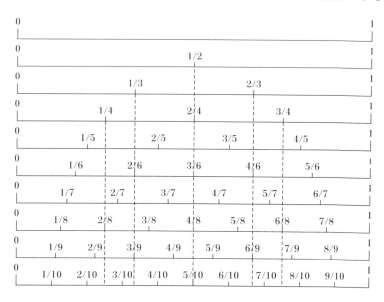

前ページの数直線に, $\dfrac{1}{2}=\dfrac{2}{4}=\dfrac{3}{6}=\dfrac{4}{8}=\dfrac{5}{10}$, $\dfrac{1}{3}=\dfrac{2}{6}=\dfrac{3}{9}$, $\dfrac{2}{3}=\dfrac{4}{6}=\dfrac{6}{9}$,

$\dfrac{1}{4}=\dfrac{2}{8}$, $\dfrac{3}{4}=\dfrac{6}{8}$を示す破線を入れておきました。等しい分数を学習する場面ですが, 整数や小数と比べて分数が難しいのは, 等しい分数が何通りにも表現されるということです。

　$\dfrac{1}{2}$を例にして, 右で示しているように, 分母と分子に同じ数をかけると等しい分数

$$\dfrac{1}{2}=\dfrac{2}{4}=\dfrac{3}{6}=\dfrac{1\times\square}{2\times\square}$$

が得られます。この方法を適用していくことで, 5年で学習する**「通分」**が可能となります。異分母分数の大小比較, そして加法や減法も「通分」することで, 4年で学ぶ同分母分数の場合に帰着することができるわけです。

　同分母分数の場合の大小比較は簡単です。分母が同じ分数の場合, 分子が大きくなると分数は大きくなっています。このことは, 前ページのどの数直線に関しても成り立っていることです。同分母分数の大小関係が, 数直線を横に見た場合に発見されますが, その他に, いろいろな分数の大小を比べてみると, 数直線の左側に次のような関係があることを発見できるでしょう。

$$\dfrac{1}{10}<\dfrac{1}{9}<\dfrac{1}{8}<\dfrac{1}{7}<\dfrac{1}{6}<\dfrac{1}{5}<\dfrac{1}{4}<\dfrac{1}{3}<\dfrac{1}{2}$$

　これは, 分子が1の分数の場合ですが, 分母が大きいほど分数は小さくなり, 逆に分母が小さいほど分数は大きくなっています。このことは, 分子が1でなくてもいえることも発見されるでしょう。

　右の図は, 前ページの下から6本の数直線の右側を再掲しており, 分子が等しい分数の大きさが曲線的に変化していることを示しています。異分母分数でも分子が同じであれば, 4年でも大小比較ができるわけです。

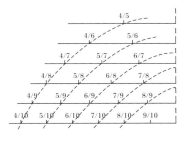

「被乗数と乗数」や 「被除数と除数」という認識

> 「小数のかけ算とわり算」については，かける数（乗数）やわる数（除数）が整数の場合を4年で，小数の場合を5年で扱っています。このことは，小数の乗除の計算学習にとっての大切な前提となっています。

　算数科の解説書（文部科学省，2018）によれば，4年に「乗数や除数が整数である場合の小数の乗法及び除法の計算ができること」とされ，「小数×整数」や「小数÷整数」は4年の学習内容です。**「乗数」とは「かける数」**のことで，**「除数」とは「わる数」**のことです。

　4年の「小数×整数」の筆算は，例えば，右に示している1.8×3の場合のように，小数点がないものと考えて18×3の計算をして，かけられる数（被乗数）の小数点と同じ位置に積の小数点を打ちます。

$$
\begin{array}{r}
1.8 \\
\times \quad 3 \\
\hline
5.4
\end{array}
$$

　「小数÷整数」の筆算は，右に示している7.2÷4の場合のように，小数点がないものと考えて72÷4の計算をして，わられる数（被除数）の小数点と同じ位置に商の小数点を打ちます。

$$4\,)\overline{7.2}$$

　これに対して，5年「小数×小数」の筆算では，「1mの重さが1.9kgのパイプがあります。このパイプ2.4mの重さは何kgですか」といった導入問題に対して，次のような図をもとにして，1.9×2.4と立式し，解法を考えます。

被乗数と乗数をともに10倍した19×24の計算をして100でわることになりますが，この他にも，乗数だけを10倍した1.9×24の計算をして，パイプ24m分の重さを求めて10でわるという方法もあります。

$$\begin{array}{r} 1.9 \\ \times\ 2.4 \\ \hline 7\ 6 \\ 3\ 8 \\ \hline 4.5\ 6 \end{array}$$

　実は，もう１つの方法があり，それは，0.1mの重さが0.19kgであることを使って，その24倍を求める方法です。2.4が0.1の24個分という見方は，これまでにも使ってきています。これらの計算の工夫は，４年で既習の，乗数が整数の場合の「小数×整数」に帰着させようとするもので，

$$\begin{array}{r} 0.19 \\ \times\ \ \ 24 \end{array}$$

４年と５年に指導内容を分けているよさが表れていると思います。

　４年「小数÷整数」では39.6÷11のような２位数でわる計算も扱っています。この場合も，わられる数（被除数）の小数点と同じ位置に商の小数点を打ちます。これを受けて，５年「小数÷小数」では，3.68÷2.3のような筆算を学習しますが，ここでも，４年で既習の，除数が整数の場合に帰着させていくことができます。

$$11\overline{)39.6}$$

$$2.3\overline{)3.68}$$

$$3.68 \div 2.3 = \boxed{}$$

10倍 ↓　　↓ 10倍　　↑ 等しい

$$36.8 \div 23 = \boxed{}$$

　かけ算の場合の，かけられる数，かける数，そしてかけ算の答えを，それぞれ被乗数，乗数，積と呼び，わり算の場合の，わられる数，わる数，そしてわり算の答えを，それぞれ被除数，除数，商と呼ぶことを前提にして，小数のかけ算とわり算について，４年と５年の指導内容がどのような関係になっているのかを考察してきました。

　分数のかけ算とわり算に関しては，５年と６年に分けて指導していましたが，新しい学習指導要領では６年で一括して指導することになっています。

平面や空間における
ものの位置の表し方

単元「直方体と立方体」の最後に，「ものの位置の表し方」という学習が用意されていますが，図形領域の「直方体と立方体」の学習とどのように関係しているのでしょうか？

学校の校門から見て，私の家がどこにあるといえるでしょうか。右の地図によると上が北ですから，「東に300m 行って，左に曲がって，北に400m 行ったところです」と家の位置を伝えることができます。

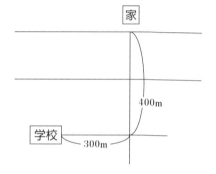

中学校 1 年の数学で，座標という用語を学習しますが，上のような位置の表し方を**「直交座標」**といい，（300m，400m）と書きます。

日常生活では，上の地図のように，道がきれいに南北と東西に通っているわけではありませんが，理想化して考えると，このようにして家の位置を表すことができることは理解できるだろうと思います。

さて，直交座標の考え方が，右の図に示す色をつけた長方形の横の長さとたての長さを用いていることにお気づきでしょうか。お友達の家がどこにあっても，このような長方形を考えれば，位置を表せるわけです。

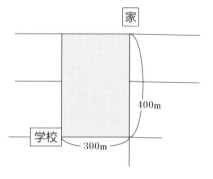

図形領域で長方形を学習するのは 2 年ですが，2 年の段階で，このような「平面におけるものの位置」を扱うのは適切ではありません。そこで，

4年で，直方体を学習した後で，以下に取り上げる「空間におけるものの位置」と併せて学習させることにしているのです。

　空間におけるものの位置を表すことを考えます。空間中にあるキャラクターが浮かんでいるとき，今，どこにいるかをどのように表せばいいでしょうか。

　3次元の空間座標を使えばよいことに気づき，「右に5m，奥に4m，上に6mのところ」という表現が可能になります。

　右：下から2番目の図は，立方体の箱を積んだもので，どれか1つの箱の中に宝が隠されています。また，どれか1つの箱の中に爆弾が隠されています。宝と爆弾がどこにあるかを知っている盗賊が，仲間に場所を伝えるには，どうすればよいでしょうか。

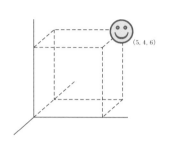

　まず，どこを基準（原点ともいいます）にするかを決めます。キャラクターがいるところを基準にしましょう。そのとき，（4，3，3）の位置に宝があって，（3，2，2）のところに爆弾があると伝えると，仲間は爆弾の箱にさわることなく，宝の箱を盗み出すことができるはずです。

　最後に示したのは，爆弾の入った箱（濃い灰色）を（3，2，2）と表す意味を表す直方体です。このページの一番上の図で直交座標に対応する直方体を破線で示していることと同じことだということがわかったでしょうか。

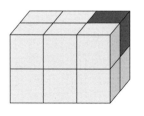

4 つの 4

> 　4 年の単元「式と計算」で括弧（　）を含む式の計算を学んでおり，例えば，$3 + 2 \times 4$ という計算ではかけ算を先にし，たし算を先にしたいときは，$(3 + 2) \times 4$ と表します。これを踏まえてゲームを楽しみましょう。

> 　次の式のように，4 を 4 つ使って，そして 4 と 4 の間の 3 か所には，$+$，$-$，$\times$，$\div$ のうちのどれかを入れて，答が 0 になる式をつくります。
>
> 　$4 + 4 - 4 - 4 = 0$
>
> 　この式の他に，答が 0 になる式をできるだけ多くつくりましょう。

という問題に対して，答が 0 になる式として，$4 - 4 + 4 - 4 = 0$，$4 \times 4 - 4 \times 4 = 0$ や $4 \div 4 - 4 \div 4 = 0$ などが見つかります。

　括弧を使っていいことにすると，$(4 - 4) \times 4 \times 4 = 0$ も正答の 1 つです。「**他にないですか？**」と発問すると，はじめの問題にあった式を変えた，$4 + 4 - (4 + 4) = 0$ という式に気づく子どももいるかもしれません。

　このように，この問題は正答が何通りにも可能になる問題で，算数・数学科では，「**オープンエンドの問題**」（島田，1995）と呼んでいます。

　それでは，ここからは答が 1 ～ 9 になる式を見つけていきましょう。「4 つの 4」と呼ばれるこの問題は，本来はオープンエンドではありますが，式が 1 つ見つかったら次に進むようにするとよいと思います。「どこまでできるのかな？」という疑問を感じさせることにねらいを置きたいからです。

4	4	4	4 = 1	4	4	4	4 = 2	4	4	4	4 = 3
4	4	4	4 = 4	4	4	4	4 = 5	4	4	4	4 = 6
4	4	4	4 = 7	4	4	4	4 = 8	4	4	4	4 = 9

　括弧を使わないとできないものもあります。1 から 9 まで全部できますか。

次に，正答を1つずつ挙げておきます。

$4 \div 4 + 4 - 4 = 1$　　　$4 \div 4 + 4 \div 4 = 2$　　　$(4 + 4 + 4) \div 4 = 3$

$(4 - 4) \times 4 + 4 = 4$　　$(4 \times 4 + 4) \div 4 = 5$　　$(4 + 4) \div 4 + 4 = 6$

$4 + 4 - 4 \div 4 = 7$　　　$4 - 4 + 4 + 4 = 8$　　　$4 + 4 + 4 \div 4 = 9$

　このように，1〜9はすべてできることがわかります。

「全部できるね」「それでは，10もできるだろう。…あれ？」

　いくら頑張っても，答が10になる式を見つけることはできません。4年の一斉授業とすれば，ここまでで終わらせていいでしょうが，「10ができないのはなぜですか？」と聞いてくる子どもがいるかもしれませんので，教師としては，「4つの4」で10ができない理由を説明する方法を知っておくとよいと思われます。

　「2つの4」でできるのは，「0，1，8，16」の4つだけです。順に，ひき算，わり算，たし算，かけ算の結果です。「3つの4」でできるのは，「2つの4」でできた「0，1，8，16」と4とでできる数だから，「0，2，3，4，5，12，20，32，64」の9個です。同じように考えて，「4つの4」でできる数を調べてください。

　「2つの4」でできる「0，1，8，16」を2回使ってつくるか，「3つの4」でできた「0，2，3，4，5，12，20，32，64」と4とでできる数を調べればよいわけです。**「4つの4」でできる数は，「0，1，2，3，4，5，6，7，8，9，12，15，16，17，20，24，28，32，36，48，60，64，68，80，128，256」の26個**です。10以上でできる数はそれほど多くはないのです。1から9までが全部できたのが，むしろ不思議なくらいですね。

　同じようにして考えると，「5つの4」でできない最小の整数は何でしょう。教材研究としての演習には最適の問題です（答は「22」です）。

〈参考文献〉
・島田茂編著（1995）『算数・数学科のオープンエンドアプローチ　授業改善への新しい提案』東洋館出版社

単位の考えをもとにして
既習を振り返ると面白い！

> 整数の四則計算と小数の加法と減法を3年までに学習し，同分母分数の加法・減法と，小数×整数，小数÷整数も4年で学習しました。ここまでの数と計算の学習を振り返って，「単位の考え」によってまとめてみましょう。

まず，「2 + 3」の計算によってまとめられる加法を取り上げます。

計算式	2 + 3	20 + 30	0.2 + 0.3	$\frac{2}{5}+\frac{3}{5}$
単位	1	10	0.1	$\frac{1}{5}$

ここで「単位」と呼んでいるのは，測定領域で扱う長さ（cmやm）やかさ（dLやL）などのことではありません。もちろん，長さ（cmやm）やかさ（dLやL）などは，加法が成り立つ量（外延量）ですから，「2m + 3m」とか「2dL + 3dL」というたし算も教えているのですが，これらの計算は「2 + 3」の中に含めております。量ではなく，あくまで数を対象として見た場合の「単位」を意味しているのです。

上の表の4つの加法は，「単位」が変わっているだけで，どれも「2 + 3 = 5」という計算で求められることがわかります。ですから，表に出ていないだけで，「2万 + 3万」「2億 + 3億」そして「0.02 + 0.03」も**「単位の考え」**でまとめられる，同様の加法だと見ることができます。

また，減法については，加法のような表をつくっておりません。それは，減法は加法の逆演算であり，例えば「5 − 3 = 2」を例にして同じことがいえることは明らかであり，言うまでもないことだからです。

これは補足ですが，中学校1年では「$2x + 3x$」「$(-2) + (-3)$」，3年では「$2\sqrt{5} + 3\sqrt{5}$」なども登場してくることになります。「単位の考え」は，既習だけでなく未習の内容ともつながっているのです。

次に,「2 × 3」の計算によってまとめられる乗法を取り上げます。

計算式	2 × 3	20 × 3	0.2 × 3	$\frac{2}{5} \times 3$
単位	1	10	0.1	$\frac{1}{5}$

　一番右の欄を破線にしているのは,この教材は,4年「小数×整数」を学習するときのものとして位置づけており,「分数×整数」は新学習指導要領では6年の内容となっていて,4年の段階では未習だからです。

　乗法の場合も,表に出ていないだけで,「200 × 3」「2万 × 3」そして「0.02 × 3」も「単位の考え」でまとめられる,同様の乗法だと見ることができます。また,除法については,乗法のような表をつくっておりません。それは,除法は乗法の逆演算であり,例えば「6 ÷ 3 = 2」を例にして同じことがいえることは明らかであり,言うまでもないことだからです。

　さらに,中学校1年では「$2x \times 3$」「$(-2) \times 3$」が,3年では「$2\sqrt{5} \times 3$」なども出てきて,これらも「単位の考え」によって,「2 × 3 = 6」にまとめられる乗法計算だということになります。

　最後に,せっかくですから,発展的な教材研究をしておきましょう。「まとめる」といっていたのは,算数・数学教育では**「統合」**と呼ばれていますので,ここからは「統合」という用語で説明していきます。

　このページの上の乗法は,「(単位 × 2) × 3」として統合できるものですが,下の表は,「(単位 × 2) × (単位 × 3)」として統合できる乗法です。

計算式	2 × 3	20 × 30	0.2 × 0.3	$\frac{2}{5} \times \frac{3}{5}$
単位	1	10	0.1	$\frac{1}{5}$

　長方形の面積の学習などで立式される式ですが,破線にしているのは,5年(小数×小数)と6年(分数×分数)で学習するからです。この型の乗法も,中学校の「$2x \times 3x$」「$(-2) \times (-3)$」「$2\sqrt{5} \times 3\sqrt{5}$」などの学習につながっていき,これらはいずれも,(単位)^2 × (2 × 3)という計算で統合できます。

図形の合同概念の構成方法とは？

「図形の合同」を5年で扱いますが，中学校数学で教える「三角形の合同条件」などに基づく「図形の証明」にどのようにつながっていくのでしょうか。そして，そもそも，「図形の合同」の概念は構成できるものなのでしょうか？

「ぴったりと重ね合わせることのできる2つの図形」として合同を定義します。右の図のような，裏返して重なる場合も合同に含めます。

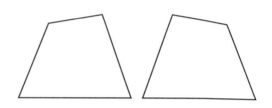

この後，「合同な図形では，対応する辺の長さは等しく，対応する角の大きさも等しい」という「合同の性質」を学習することになります。

中学校2年で学習する「三角形の合同条件」は，三角形の場合，対応する辺が3つと対応する角が3つあり，合計6個が等しいことを調べなくても，

- ・3つの辺
- ・2つの辺とはさまれる角
- ・1つの辺とその両端の角

が等しければ合同になるという定理です。

これは，論証幾何といわれる図形研究にとって大切な定理で，二等辺三角形の2つの角が等しいことや，平行四辺形の向かい合う2つの辺や向かい合う2つの角が等しいことも，作図で確かめるのではなく，論証幾何の方法である証明によって示されるのです。

中学校以降の数学学習へのつながりに触れましたが，小学校5年の算数では，子どもたちが「図形の合同」に気づき，その定義だけでなく「合同の性質」についても自分たちで構成できるような授業が求められるのではないかという意見があります。読者の皆さんの意見はいかがでしょうか。

私が大学院生だった頃，中原忠男先生を中心とする**「構成主義」**の研究に参加しました。「構成主義」とは，算数の知識は教師から伝達される（教えられる）のではなく，子どもたちが構成する（考えて創りだす）ものだという立場で授業をつくるというものです。本書では*pp.*10-11などでも，「教える知識」と「考えさせる知識」との違いについて触れてきていますが，子どもたちが考えて知識を創りだす力をもっているのに，教師が先回りして教え込んでしまうということがよくあると思います。

　「合同」の概念を構成する授業（広島大学附属小学校で実施）で用いられたのは，右：上の図のような厚紙です。子どもたちは，線に沿って切り取り，同じ長さの辺と辺が重なるようにセロテープで貼って，自分の好きな形を1つだけつくりました。

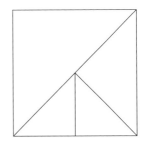

　多くの形が発表されましたが，偶然にも，右：下の図のようないくつかの「同じ形」が出てきました。教師は，はじめの厚紙の中にある大きさが違う直角二等辺三角形を指し，「皆さんは同じ形と言っていますが，これとこれも同じ形ですよ」と言いました。

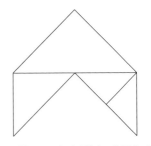

　子どもたちは，「形も大きさも同じ形です」と言い換えました。教師が**「じゃあ，形も大きさも同じことを確かめるにはどのようにすればよいでしょうか？」**と発問すると，「ぴったり重なるかを調べます」という返事があちこちから聞こえてきました。教師が教え込むのではなく，「合同」の定義が構成された瞬間です。重ねられないときには，対応する辺や角を測って，等しいことを調べていくことになります。

〈参考文献〉
・中原忠男（1995）『算数・数学教育における構成的アプローチの研究』聖文社

面積から体積への類推について

面積については，4年「長方形の面積」を学び，そこからの類推を働かせて，5年「直方体の体積」につなげます。2次元から3次元への拡張において類推が果たす役割について見ていきましょう。

*pp.*72-73で取り上げたように，スケンプという心理学者は，[長方形の面積＝たて×横]という公式を例にして「理解」について論じています。ここでは，具体的な長方形を挙げて，その理解過程を復習しておきましょう。

右の図は，たての長さが4cmで，横の長さが6cmの長方形です。左下にある小さな正方形が，1辺1cmの単位正方形で，たてに4個，横に6個並んでいます。このとき，この長方形全体にこ

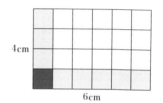

の単位正方形を敷き詰めると，4×6＝24（個）の単位正方形の広さであることがわかります。面積は，その積の数に単位の「cm^2」をつけた量になり，この長方形の面積は24cm^{2}です。

つまり，単位正方形の何個分かを求めたときに，[長方形の面積＝たて×横]という公式が成り立つということがわかることが，この事例での「理解」だというのがスケンプの指摘だったわけです。

同様に，L字型の面積を長方形の面積の和や差で求めたり，同じL字型を2つ組み合わせる倍積変形の考えで求めたりすることができます。右のL字型の場合の面積は10cm^{2}です。

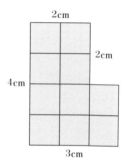

右の図は，たての長さが３cm，横の長さ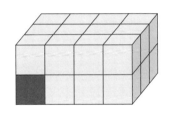
が４cm，高さが２cmの直方体です。この直
方体の体積も，左下にある１辺の長さが１cm
の単位立方体の何個分かで求めることができ
ることがわかり，**[直方体の体積＝たて×横×**

高さ]という体積の公式がつくり出されることになります。この直方体の面積
は，$3 \times 4 \times 2 = 24$（cm^3）になります。

　２次元の平面図形の面積と同じように考えて，３次元の立体図形の体積
が求められるというところは，類推（類比的推論）が使われる典型的な場面
だといえます。

　「長方形と直方体」の関係とよく似ているものとして，「正方形と立方体」
「正三角形と正四面体」があります。２次元の平面図形をＡ，３次元の立方
図形をＢとして，「ＢがＡと類比的だ」という言い方をするわけです。

　右の写真は，私の研究室で，正四面体を青
で，正八面体を赤でつくって，それを組み合
わせて，１辺の長さが３倍の正四面体をつ
くったところです。正四面体の各面は正三角
形です。この事例では，どれも，Ｂの各面はＡになっています。また，Ｂ
を１つの面の平行方向に切断するとＡが表れます。

　さて最後に，Ｌ字型の立体の体積について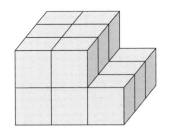
取り上げましょう。右に示している図形の体
積を，直方体の体積の和や差で求めたり，こ
のＬ字型の立体を２個組み合わせて，体積
に関しても倍積変形の考えを使ったりして，
類推して求めようとする子どもの姿を期待し
たいと思います。

　中学校１年の数学に，面積から体積への類推がうまくいかない例もあり
ます。三角形の面積から錐体の体積への拡張です。ぜひ考えてみてください。

乗数が小数だと
小数点が動く？

　4年で学んだ「小数×整数」の筆算では，積（かけ算の答え）の小数点は，かけられる数（被乗数）の小数点と同じところに打ちましたが，5年「小数×小数」の筆算では，積の小数点の位置はどのようになるでしょう？

　4年「小数×整数」の筆算は，例えば，右に示している1.8×3の場合のように，小数点がないものと考えて18×3の計算をして，かけられる数（被乗数）の小数点と同じ位置に積の小数点を打ちました。

```
  1.8
×   3
─────
  5.4
```

　3.6×5などの筆算でも，同じように小数点を真下におろして計算して，小数点以下の末位の「0」は省略する必要があり，答えは整数になり小数点はなくなりますが，積の小数点の位置が変わるということは起こりません。

```
  3.6
×   5
─────
 18.0
```

　これに対して，5年「小数×小数」の筆算では，例えば，右に示している1.9×2.4の場合のように，小数点がないものと考えて19×24の計算をして，456という積のどこに小数点を打てばよいかを考えることになります。

```
   1.9
× 2.4
─────
   7 6
 3 8
─────
 4.5 6
```

　計算の仕方を形式的に教え込むのではなく，答えが45.6ではなく，4.56であるということを，子どもたちが理解できるように指導することが大切です。

　「小数×小数」の計算の仕方を考えさせるための導入問題は，そのための手がかりを与えるものなのです。かけ算の学習では，この単元だけではなく，「整数×整数」「小数×整数」の学習においても，そのように考えさせてきているのです。

　次のような導入問題をもとにして考えていきましょう。

「1 m の重さが，1.9kg のパイプがあります。このパイプ2.4m の重さは何 kg ですか」

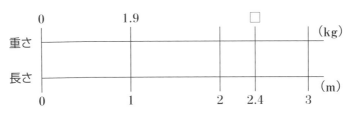

　整数×整数と見て，19×24の計算をした積の456というのは，「1 m の重さが19kg のパイプ24m の重さ」にあたっており，積は100でわらなければなりません。だから，積の456の右から小数点を2つ動かして，4.56と答えるというのが1つの方法です。また，4年で小数×整数の計算は既習ですから，1.9×24という筆算はできます。この式は「1 m の重さが1.9kg のパイプ24m の重さ」にあたっており，積は10でわらなければなりません。この「1 m の重さが1.9kg のパイプ24m の重さ」という考え方は，上の図には表せません。24m というのはずっと右側にあり，この図の中にかくことは難しいからです。

$$\begin{array}{r} 1.9 \\ \times\ 2.4 \\ \hline 7\ 6 \\ 3\ 8 \\ \hline 4.5\ 6 \end{array}$$

　実は，もう1つの考え方があり，それは，0.1m の重さが0.19kg であることを使って，その24倍を求める方法です。2.4が0.1の24個分という見方は，これまでにも使ってきており，4年で学習した小数×整数の学習に帰着させようとするこの考えは，とても素晴らしいものです。被乗数の小数点を下におろして，同じ位置に積の小数点を打つという方法が使える筆算に変形しているところも納得できるものです。

$$\begin{array}{r} 0.19 \\ \times\ \ \ 24 \end{array}$$

　右に示しているような，小数第2位の小数のかけ算も扱って，「積の小数点は，被乗数と乗数の小数部分のけた数の和になるように打つ」というまとめをしていくことになります。

$$\begin{array}{r} 1.54 \\ \times\ \ 3.8 \end{array}$$

分数のわり算（6 年）への
つながり

> 5 年「小数÷小数」と 6 年「分数÷分数」とを比較したり，「小数をかける計算」や「分数をかける計算」にも関係していることを調べたりしながら，系統性の強い高学年の計算指導について考察していきましょう。

まずは，「小数÷小数」と「分数÷分数」の導入問題の例を挙げるとともに，問題文中にある 2 量の関係を表す図を示しておきましょう。

○「小数÷小数」
「2.3L の重さが3.68kg のはちみつがあります。このはちみつ 1 L の重さは何 kg ですか」

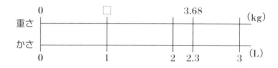

○「分数÷分数」
「$\frac{2}{3}$ dL のペンキでかべを $\frac{5}{8}$ m^{2}ぬれました。このペンキ 1 dL でかべを何 m^{2}ぬれますか」

これら 2 つの問題の構造は，まったく同じものです。はちみつやペンキのかさが変われば，はちみつの重さやペンキのぬれる面積が変わるという，比例関係になっているのです。

以下では，「立式」と「解法」について述べますが，実は，「小数÷小数」と「分数÷分数」とは，とてもよく似ている計算なのです。

○「小数÷小数」

　3.68÷2.3と立式するこの問題の前に，「2.3Lの重さ」ではなく「2Lの重さ」が与えられ

$$2.3\overline{)3.68}$$

$$3.68÷2.3 = \boxed{}$$

10倍 $\downarrow$ $\qquad$ $\downarrow$ 10倍 $\qquad$ $\updownarrow$

$$36.8÷23 = \boxed{}$$

ている問題を扱い，3.68÷2と立式できることを理解します。

　1Lは2Lの半分ですから，2でわることは簡単です。ここから類推して2.3でわるという立式を理解します。上の一番右に示しているわり算の筆算でも，わられる数とわる数をともに10倍して計算します。

○「分数÷分数」

　$\dfrac{5}{8} ÷ \dfrac{2}{3}$ と立式するこの問題の前に，「$\dfrac{2}{3}$ dL」ではなく「2dL」や「$\dfrac{1}{3}$ dL」でぬれるかべの面積を考えさせます。「2dL」のときは2でわって $\dfrac{5}{8} ÷ 2$ と立式し，そこから類推して，「$\dfrac{1}{3}$ dL」のときは $\dfrac{5}{8} ÷ \dfrac{1}{3}$ と立式します。

　右はわられる数とわる数をともに3倍して計算する方法（2dLでぬれる面積を求めて2でわる）を示しています。

$$\frac{5}{8} ÷ \frac{2}{3} = \left(\frac{5}{8}×3\right) ÷ \left(\frac{2}{3}×3\right)$$

$$= \frac{15}{8} ÷ 2$$

$$= \frac{15}{16}$$

　「小数÷小数」は「小数÷整数」に帰着し，「分数÷分数」は「分数×整数」も活用して「分数÷整数」に帰着しているのです。そして，5年で学習した「小数÷小数」と同じように（類推的に）考えて，6年で「分数÷分数」の計算を学習するという点にも注目してください。

偶数・奇数は
低学年でも指導可能？

> おかしを2人で同じ数ずつ分けたとき，ちょうど分けられるときと，1つだけあまってしまうときがあることは，低学年の子どもたちにも経験できるのに，偶数・奇数を学習するのが5年なのは不思議ではありませんか？

　日常生活の中に偶数・奇数の学習に関する基礎的経験があったとしても，算数の学習として取り上げるには，その学習の根拠となる算数科としての知識や技能がどのようなことになるのかを考えていかなければなりません。

　当然，整数の概念が必要です。そして，整数が偶数なのか奇数なのかを判別する方法は，2でわるわり算です。したがって，3年で，2でわるわり算を学習した後でないと指導できません。

　76÷2のようなわり算は，九九の2回適用ですから，正式には4年で筆算を使って計算する内容になります。そこで，少なくとも4年のわり算の学習を経なければ，偶数・奇数が指導できないことになります。そういうことならば，**偶数・奇数（つまり，2の倍数か倍数でないかの学習です）だけでなく，倍数，そして公倍数などとも一緒の単元で学習させればいいではないか**という判断で，現在の教育課程では，5年「整数の性質」という単元で，偶数・奇数も扱っています。

　おかしを2人で同じ数ずつ分けるというわり算は「等分除」といいます。76÷2＝38の場合，被除数（76個）と商（38個）が同じ単位になり，除数は単位が異なります。

　それに対して，おかしを2個ずつ分けるというわり算は，「包含除」といいます。この場合は同じ76÷2＝38でも，被除数（76個）と除数（2個）が同じ単位になり，商の単位は異なります。

　5年「整数の性質」の導入での偶数・奇数の学習では，「2人に分ける」「2チームに分ける」といった等分除の問題を使うのが普通です。ところが，

その後に続く「3の倍数」「4の倍数」あるいは「4と6の公倍数」などの学習に一貫して使えるわり算は，等分除ではなく**「包含除」**なのです。

いくつかの問題場面を例示しましょう。

（1）たて2cm，横3cmのカードを横に並べるとき，並べた横の長さが「3，6，9，12…」(cm)になります。これが3の倍数です。

（2）花火が4秒に1発打ち上がるとき，「4，8，12，16…」（秒後）に打ち上がります。これが4の倍数です。

（3）学年全員を6人グループに分けたとき，「6，12，18，24…」（人）が6の倍数です。

（1）のある机の横の長さ（54cm）にこのカードがぴったり並べられるか，（2）のある経過時間（48秒後）にこの花火が打ち上がるか，（3）の学年全体（84人）は6人グループに分けられるかを調べたりするときのわり算は，「54÷3＝18」「48÷4＝12」「84÷6＝14」などの式に表される「包含除」だということがわかります。具体的には，（1）に対する式では，被除数（54cm）と除数（3cm）が同じ単位，（2）に対する式でも，被除数（48秒）と除数（4秒）が同じ単位，（3）に対する式でも，被除数（84人）と除数（6人）が同じ単位になり，いずれの場合も商の単位は異なっており，「包含除」の問題場面だということになります

このように**「包含除」で倍数を扱っておくと，「公倍数」の指導でも好都合**です。（1）では，横だけではなく，たてにもカードを並べていったときに，「6，12，18，…」(cm) の正方形ができ，このときの1辺の長さは2と3の公倍数です。（2）では，隣の花火会場では6秒に1発打ち上がるとき，「12，24，36…」（秒後）は4と6の公倍数で，2つの会場で花火が同時に打ち上がります。（3）でも，「12，24，36…」（人）は4と6の公倍数であり，この人数のときは，4人グループも6人グループもできることがわかります。

分数のたし算とひき算

> 5年で異分母分数のたし算・ひき算を学んだ単元末では，$\dfrac{1}{2} + \dfrac{1}{3} = \dfrac{2}{5}$ という誤答は出てこないだろうと思いますが，6年になって5年の復習問題をさせていたら，このような誤答が出てくることがあります。

$\dfrac{1}{2} + \dfrac{1}{3} = \dfrac{2}{5}$ という誤答を考察していくときに必要になる算数・数学教育用語が3つあります。

○類推（による誤答）

6年「分数のかけ算」の計算の仕方は，「分数×分数は，分子同士，分母同士をかけて，それを積（かけ算の答え）の分子，分母にする」というものです。6年になり，「分数×整数」「分数÷整数」「分数×単位分数」と学習してきて，「分数×分数」の計算の仕方（*pp.*120-121を参照してください）を考えさせているのですが，子どもたちの理解の様子は今一つというときがよくあります。本書の *pp.*72-73や *pp.*120-121では，スケンプという心理学者の「道具的理解と関係的理解」という理論を紹介していますが，「なぜかはわからないが公式を使って答えが出せる」という「道具的理解」にとどまっている6年生が多いことでしょう。

そのような子どもたちは，最近覚えた「分数×分数」の計算の仕方をまだ覚えていても，5年のときに覚えた「分数＋分数」の計算の仕方は，復習していなければ，そろそろ忘れている頃なのかもしれません。

そのようなときに「$\dfrac{1}{2} + \dfrac{1}{3}$」が出題されたら，計算の仕方を忘れていた子どもは，「分数×分数」と同じように（類推的に）考えて，分子同士，分母同士をたして，「$\dfrac{2}{5}$」と答える場合があります。

○教室文化

　「困ったときの類推頼み」で，このような誤答がしばしば出てくるのですが，先生が「違います」とか「間違いです」と自分で言ってはいけません。

　「$\frac{2}{5}$」という答えがなぜ出され，これがなぜ間違いなのかを子どもたちに説明させることも，算数の授業で大切なことなのだという教室文化を，日頃からつくっているかということがここで表れるのです。

　「$\frac{1}{2} - \frac{1}{3}$ を計算しなさい」という問題も復習させてください。加法の問題に「$\frac{2}{5}$」と答えた子どもは，「$\frac{1}{2} - \frac{1}{3}$」は「2 − 3」ができないけど，「$\frac{1}{3} - \frac{1}{2}$」は「3 − 2」ができるから「$\frac{0}{1}$」と答えるかもしれません。「答えを出せない問題を先生が出すはずはない」というのも1つの教室文化なのです。

○内包量

　「$\frac{1}{2} + \frac{1}{3} = \frac{2}{5}$」と答える子どもの説明を聞くと，「少年野球で昨日の試合は2打数1安打，今日の試合は3打数1安打でした。2試合一緒にすると，5打数2安打で，打率は4割です」といいました。この説明のどこが間違っているのでしょうか。

　5年で割合も学んだので，このような子どもの発言はとても面白いものですが，間違いは間違いとして正しく指導しなければいけません。本書の pp.106-107でも速度を例にして取り上げていますが，打率も速度も「内包量」といって加法が成り立たない量なのです。加法ができるのは「外延量」といって，長さ・広さ（面積）・かさ（体積）・重さ・時間などです。この子どもの発言の場合，打率をたしても意味がなく，分子同士，分母同士をたすという計算が，2試合分の打率を出すための方法に偶然合致していただけでした。加法や減法の計算指導は「外延量」で行うべきなのです。

平行四辺形の高さが
必要な理由って？

> 面積については，4 年で「長方形の面積＝たて×横」を学び，それをもとにして 5 年で「平行四辺形の面積＝底辺×高さ」を学ぶことになっています。「底辺」と「高さ」という新しい用語を使う必然性について考えましょう。

この平行四辺形の面積は何 cm^2 でしょうか？

横の長さは 6 cm ですが，もう 1 つの辺の長さがわからないと面積は求まらないということから，もう 1 つの辺の長さは 5 cm であることを伝えます。

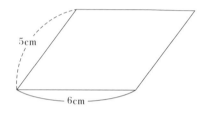

長方形の面積公式から類推して，

$5 \times 6 = 30$（cm^2）という考えは，間違っていますが，これが間違いだということを追究することが大切です。次ページ・上の図は，$5 \times 6 = 30$（cm^2）という式によって面積が求まる長方形を示しています。

ここまでお話ししてきた導入の仕方は，これまでの算数教育の中で，ほとんど取り入れられてきていません。それはなぜでしょうか。

それは，**類推による間違いや子どもたちのつまずきを積極的に生かす指導法**が，本格的に検討されてこなかったということだろうと思います。

この平行四辺形と等しい面積をもつ長方形が，よく知られた等積変形によって見つけ出されることでしょう。平行四辺形の上の辺を左に延長して，この長方形を見つけてください。この長方形の横の長さは，平行四辺形のどんな長さにあたるでしょうか。

これを**「底辺」**と呼ぶのです。

また，この長方形のたての長さは，平行四辺形のどんな長さにあたるでしょうか。平行四辺形の**「高さ」**（この場合は 4 cm）という新しい概念が必要となることが納得できることでしょう。

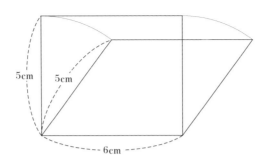

「最初から平行四辺形の高さの 4 cm
を与える」という実践が，これまでの
主流であり，教科書でも，右のような
わざわざ（本来は学習者によって気づ
かれるべき）垂線が引かれている平行

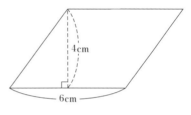

四辺形の図を提示して，等積変形の方法だけに焦点をあてる展開を示唆して
いたのではないでしょうか。

　実際にこの本時の授業を見てみると，紙でつくった平行四辺形をはさみで
切って，切り離した部分を移動させて，長方形に等積変形する作業が中心と
なっています。底辺に垂直な直線で切り離せば，どこで切っても等積変形が
できるため，多様性もあり豊かな数学的活動がなされているように見えます
が，作業が大切なのではなく，**等積変形する長方形を見いだす**ところが，も
っと大切にされなければならないのではないかと思います。

　平行四辺形の面積より三角形の面積
を先に扱う教科書もあります。その場
合も，三角形の面積公式に出てくる
「高さ」という用語に注意が必要です。
直角三角形 2 つに分けた後で，倍積

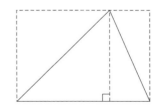

変形した長方形の横の長さが三角形の「底辺」で，長方形のたての長さは，
三角形の辺ではないので，これを三角形の「高さ」と呼ぶわけです。

等積変形や倍積変形の発見にも系統性がある?

　4 年で「長方形」の面積を学び，それをもとにして，5 年で「平行四辺形」「三角形」「台形」などの面積公式をつくっていきますが，その際にしばしば使われる等積変形や倍積変形にも系統性があるように思われます。

　右に示すような平行四辺形を底辺に垂直な直線で切れば，等しい面積をもつ長方形が見つけ出されることでしょう。

　これが，**「等積変形」**の典型です。

　平行四辺形の面積より三角形の面積を先に扱う教科書もあります。直角三角形 2 つに分けた後で，倍積変形して長方形にしてその半分の面積として求めます。平行四辺形の面積が既習なら，三角形を平行四辺形に倍積変形することも可能です。

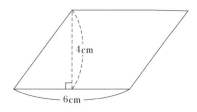

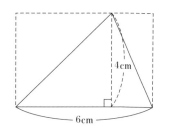

　台形からは，辺の長さを示さないで，変形の方法のみを示していきます。

　上：左の図は倍積変形，上：右の図は等積変形で，いずれも平行四辺形にするものです。この平行四辺形の底辺はもとの台形の（上底＋下底）になっています。

右の図の方法は，等積変形して
台形を三角形にするものです。で
きた三角形の底辺はもとの台形の
（上底＋下底）になっていますね。

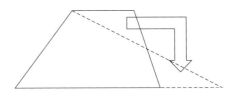

　さて，「5年の面積学習」では，
このような等積変形や倍積変形が出てくるのですが，これには「4年の面
積学習」や「5年の体積学習」からの系統性があることを指摘しておきた
いと思います。

　4年の「長方形の面積」の応用として，次の図のような「L字型の面積」
の学習があります。

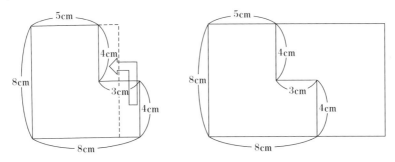

　上：左の図は，長方形への等積変形を示しています。上：右の図で示して
いるのは，倍積変形して長方形にするものです。数値が変われば発見されな
いので，「L字型の面積」ではこれらを扱わないという意見もあるのですが，
「5年の面積学習」への系統性として大切にしたいところです。

　さて最後に，「5年の体積学習」への系統性も見て
おきましょう。次の図は，L字型の体積を求めるもの
です。ここでも，いろいろな等積変形や倍積変形が可
能です。4年のL字型の面積との類比が顕著です。

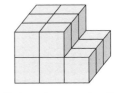

2個組み合わせて，体積についても倍積変形の考えが使えるところは，「5
年の面積学習」で，三角形や台形を倍積変形して平行四辺形にする際にも，
貴重な既習経験として作用するのではないでしょうか。

仮平均の活用

5 年「平均」の学習では，電卓を使いながら平均を計算してよいと思いますが，「仮平均」の考えを活用すると，電卓を使うまでもなく，暗算の範囲で平均が求められることもあります。「九九表」にも応用してみましょう。

「平均」の単元内の一通りの学習を終えて，単元末で「仮平均」の考えに気づかせるところについて考えていきましょう。

夏休みの 1 週間にラジオ体操に出た子どもの人数（8 月 5 〜 11 日）

曜日	月	火	水	木	金	土	日
人数（人）	83	72	78	76	74	72	70

ある町の 5 年生の活動をエピソード風にご紹介します。

「町内の子どもたちは，夏休みの朝に行われるラジオ体操に，1 日平均何人が参加しているのでしょうか。上の表は，8 月 5 日〜11 日の参加人数です。5 年生になると，町内の子ども会でラジオ体操の運営係になります。ラジオ体操が終わったら，子どもたちはハンコを押してもらうために運営係 3 人のところに 3 列の行列をつくります。運営係を増やすかどうかを決めるために，1 日平均何人参加したかを調べることにしたようです」

A さんは，授業で習ったように，次の計算をしました。

$(83+72+78+76+74+72+70) \div 7 = 525 \div 7 = 75$（人）

B さんは，筆算をしないで，電卓も使わないで，次のように計算しました。

$(13+2+8+6+4+2+0) \div 7 = 35 \div 7 = 5$　　$70+5 = 75$（人）

この B さんの方法が，「仮平均」を活用するものです。日曜日の参加人数が最も少ないことに着目して，70 人を仮平均にします。そして，月曜日から土曜日までの参加人数と 70 人との差をたしていき，その総和を 7 でわった商に 70 を加えた数として正しい平均が求まります。

中学校1年の数学で「負の数」を学習したら，仮平均は70人でなくても，例えば金曜日の参加人数である74人にしてもできます。その場合の式は，$\{9+(-2)+4+2+0+(-2)+(-4)\}\div7=7\div7=1$　$74+1=75$（人）となります。5年生には負の数を教えるわけではありませんが，教材研究の方法として教師は知っておきたいものです。

さて，次に示す九九表の中にも，仮平均を活用する話題があります。

（1）5の段の平均を求めましょう。

答えは25です。$(5+10+15+20+25+30+35+40+45)\div9=25$

（2）5の段以外の段の平均も求めましょう。

答えは，5の列にある数になります。小学生は（1）と同じように計算して求めますが，例え

1	2	3	4	5	6	7	8	9
2	4	6	8	10	12	14	16	18
3	6	9	12	15	18	21	24	27
4	8	12	16	20	24	28	32	36
5	10	15	20	25	30	35	40	45
6	12	18	24	30	36	42	48	54
7	14	21	28	35	42	49	56	63
8	16	24	32	40	48	56	64	72
9	18	27	36	45	54	63	72	81

ば，10を仮平均として2の段の平均を中学校1年レベルで求めると次の通りです。

$\{(-8)+(-6)+(-4)+(-2)+0+2+4+6+8\}\div9=0$

$10+0=10$

（3）九九表の全体の答えの平均と合計を求めましょう。

九九表の全体の平均は25（5の列の数の平均）で，合計は，$25\times81=2025$です。

なお，九九表から平均を求める教材は，（小山他，2014，p.123）を参考に，問題設定を修正するとともに，問題解決方法を詳述したものです。

〈参考文献〉
・小山正孝他（2014）『小学算数（5年下）』日本文教出版

内包量って
加法が成り立たない量のこと？

「異種の2量の割合」である「こみぐあい」（人口密度）や「速さ」（速度）などと，「同種の2量の割合」である「百分率」や「歩合」は，「内包量」といわれる量ですが，どのような特徴があるのでしょうか？

次の問題を考えてみてください。

120km 離れている A 町と B 町があります。自動車で A 町から B 町まで時速40km で行き，帰りは，B 町から A 町まで時速60km で帰りました。平均の時速を求めなさい。

このような問題に対して，（40＋60）÷2 と立式して，平均の時速を時速50km と答える子どもが多いと予想されます。それは，平均の学習（*pp.*104-105参照）で扱ってきた量は，加法性が成り立つ外延量であり，それから類推して，加法性が成り立たない内包量である速度の場合も，その平均を求めようとすることは，とても自然なことです。行きは120÷40＝3 で3時間，帰りは120÷60＝2 で2時間かかっています。合わせて5時間かかっているから，合計で240km を5時間で走ったことになり，240÷5＝48で平均では時速48km になります。内包量と外延量という語が出てきましたので，以下では，量の分類の表を示しておきます。

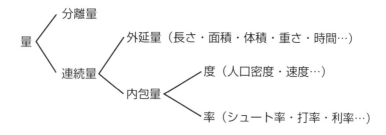

「**分離量**」とは，最小単位が1個，2個という自然数で表されるもので，算数教育では，主として数と計算領域で扱われます。これに対して，測定領域で扱われるのが「**連続量**」であり，「**外延量**」とは，加法性をもつ量のことで，「1m＋2m＝3m」「2g＋3g＝5g」などという関係式が成り立つものです。これに対して，「**内包量**」は加法性が成り立たないもので，「度」（人口密度や速度など）と「率」（百分率や歩合など）があります。

「同種の2量の割合」としての利率に加法性がないことを認識させるための問題もあります。

「ある洋品店が，洋服を定価の20％引きで売り出しましたが，売れないので，タイムセールでさらに10％値引きして売りました。売値は定価から何％値引きしたことになりますか」

この問題に対しても，20＋10＝30で，30％引きと答える子どもが多いのではないでしょうか。その理由は，内包量である率にも外延量と同じように加法が成り立つと類推するからです。

「異種の2量の割合」としての「度」について言えば，「こみぐあい」（人口密度）は「1m²あたりの人数」，「速さ」（速度）は「1秒間に進んだ距離」（秒速）という知識や技能だけを教えればよいのではなく，この学習によって，どのような資質・能力を育てようとするのかを考えていかなければなりません。

「単位量あたりの考え」というのは，「秒速」の場合は「1秒あたり」ということですが，「どれくらい速いといえるか」という問いに対する答えは，実はオープンエンドであり，「100mあたり16秒」という数値化も，子どもたちが日頃から接しているものなのです。「こみぐあい」の場合も，「1m²あたりの人数」だけでなく，「1人あたりの面積」「4人で8畳の部屋」といった数値化にも説得力がありそうです。実は，外延量と同じように内包量も，「速い方」や「こんでいる方」の数値が大きくなるようにする方法が「速度」や「人口密度」なのです。除法を使って数値化するために，加法が成り立たなくなるわけですね。

棒を使って正方形□個を横に並べるときの棒の数△は？

> 5 年「□や△を使った式」などの単元では，文字式につながる数学的活動が取り入れられることが多く，棒を使って正方形をつくって横に並べていく場面を例にして，「問題発見・解決の過程」に照らして考えていきましょう。

　次の図は，算数科の解説書（文部科学省，2018，p.8）に掲載されている「算数・数学の問題発見・解決の過程」であり，ここでは，【現実の世界】における日常生活や社会の事象からの「**数学化**」（A 1）と，【数学の世界】における数学の事象からの「**数学化**」（A 2）が区別されています。

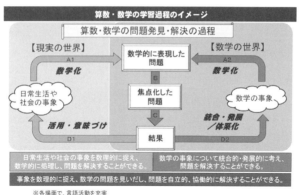

　また，結果が出た後は，【現実の世界】では「活用・意味づけ」（D 1）が，【数学の世界】では「統合・発展／体系化」（D 2）がなされることが示されています。数と計算領域では，A 1・B・C・D 1 という【現実の世界】におけるサイクルだけではなく，学習終盤では D 2 に進み，数学の事象としてのまとめをしていくものが少なからず見られます。高学年の式の指導はその典型であり，中学校での文字式の学習とのつながりが強いため，そのことに留意した指導が求められます。

次では，棒を使って正方形をつくって横に並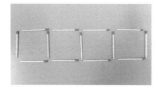べていく場面を例にしましょう。「右のように棒を並べて正方形を４個つくったときの棒の数を調べよう」という問題（前ページの図の「数学的に表現した問題」）の提示から授業が始まることが多いですが，なぜ正方形が４個の場合を解決するのでしょうか。

　実は，この「数学的に表現した問題」はＡ１の「数学化」を経て設定されるべきものなのです。「棒を並べて正方形をつくる」という日常生活の事象において，「正方形の数が増えたらそれにともなって何が変わるだろうか」という疑問が沸き起こります。「棒の数の変わり方を調べよう」「まずは正方形の数が４個のときを調べよう」といった「数学化」を経て，「数学的に表現した問題」ができあがることになるのです。

　「正方形が100個のときの棒の数は何本ですか」という問題も面白いものです。この問題を解決するために，「正方形の数が４個のときを調べてきまりを見つけよう」ということが役に立つからです。

　ここでは，子どもたちから発表される，次の２つの式を取り上げます。

　　$1 + 3 \times 4 = 13$　…①

　　$4 + 3 \times 3 = 13$　…②

　棒の数が13本という答だけで満足しないで，①と②の式を比べて気づくことを聞くと，子どもたちは，左端の１本や正方形にカタカナの「コ」の字のような形が右に並べられることで，棒の数が求められることを共有するでしょう。①②の式の網かけ「3」は，このことを表しています。

　正方形の数を□として，棒の数△が $1 + 3 \times □ = △$ と表されることが得られると，□に100を入れて301本という棒の数を求めることができます。このプロセスは，Ｄ１「活用・意味づけ」にあたり，問題解決を振り返って，式のよさを味わうことが期待できます。

〈引用・参考文献〉
・文部科学省（2018）『小学校学習指導要領解説　算数編』

オープンエンドアプローチ
による立体の学習

> 　立体の学習ではオープンエンドアプローチが有効ですが，5年では角錐や円錐までは扱わないため，分類の問題ではなく，角柱，円柱，そして，柱体の性質を発見する問題を使ったオープンエンドアプローチを紹介します。

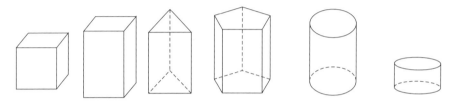

　上の図では左から，立方体，直方体，三角柱，五角柱，そして，円柱を2つ示しています。立方体や直方体は四角柱ともいえ，角柱に含まれます。

　右に示している三角錐など
の角錐や円錐は錐体に含まれ，
これは中学校1年の数学で
指導します。一番右に示して
いるのは円錐台という立体で，

円錐を底面に平行な面で切り取ったものです。**切り取った後も錐体の性質が
残っており，これを錐体の仲間に含めるかどうかの議論**は面白いです。いずれにしても，錐体を含めて立体の分類をオープンエンドの問題解決として行っていくことが期待されますが，小学校算数科で指導する立体図形は角柱や円柱までですので，分類する面白さに欠ける面があるのです。

　そこで，ここでは小学校の算数科の立体学習に取り入れていくことが期待されるオープンエンドアプローチとして，分類の問題ではなく，角柱，円柱，そして，柱体の性質を発見する問題を使ったオープンエンドアプローチについて考えていくことにしましょう。

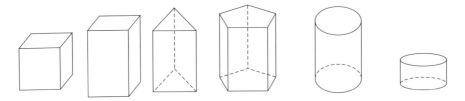

　まず、「見取図」で表されている6個の立体はすべて柱体です。「展開図」をかくとよくわかることですが、面の数を調べると、円柱の面の数は3個ですが、n角柱の面の数は、（$n + 2$）個になっています。

　また、柱体は正面や真横から見ると長方形に見えるという特徴があります。真上から見ると、円柱は円に見え、n角柱の場合はn角形に見えます。このことは、正面、真横、真上から見た図（それぞれ、正面図、側面図、平面図といいます）によって立体図形を表現する方法である「投影図」につながる発見です。

　さらに、柱体を平面で切ったときの「切断面の図形」を調べると、底面と平行な平面で切ると、底面と合同な図形が現れ、底面に垂直な平面で切ると、長方形が現れます。

　このように「柱体」の性質を発見する問題に対しては、数多くの正答が考えられることがわかります。いわば、オープンエンドの問題になっているわけです。

　なお、上で挙げている**「見取図」「展開図」「投影図」「切断面の図形」**は、いずれも、3次元の立体図形を2次元の平面に表現したもので、立体図形の学習における大切な知識・技能に当たるものです。5年「柱体」に共通する性質のオープンエンドな発見が、このような2次元平面への表現の多様性につながってくることは、とても面白いことだと思います。

　興味のある方は、前ページに例示している錐体について、「展開図」から面の数を、「投影図」から正面や真横から見た図形を、そして、底面に平行な平面や、底面に垂直な平面で切ったときの「切断面の図形」を調べてみて、柱体の場合の結果と比べてみてください。

通過算はある文脈での解法でしかない？

「異種の2量の割合」である「速さ」（速度）の学習では，「比の第3用法」と呼ばれる「道のり÷速さ＝時間」の公式が最も難しいものです。ここでしっかり教材研究をして，「通過算」に関する「深い学び」に迫りましょう。

福岡教育大学附属久留米小学校で実践した，次の問題を考えてください。

秒速20m の電車が200m の長さの鉄橋を渡り始めてから渡り終えるまでに何秒かかるでしょうか。

比の第3用法（道のり÷速さ＝時間）を適用して，10秒という答えが出てきますが，「他に答えはないですか？」と発問しても，まったく手が挙がりません。当然です。電車の長さが与えられてないのですから。

困っている子どもたちに，「何を困っているの？」と発問した後のやり取りは次のようなものでした。

「先生。電車の長さを教えてください。それがわかると，他の答えが発表できます」

「電車の長さは40m です」

「じゃあ，240÷20で12秒です」

「どうして，12秒という別の答えが出てきたのでしょうか？」

「通過算」という伝統的な文章題があり，本教材は，それを「条件不足の問題」として取り扱ったものです。電車の長さが前もって与えられているのが通過算ですが，それは，この問題が拠って立つ「文脈」をまったく考慮しておらず，鉄橋の長さに電車の長さを加えて電車の速さでわる「通過算」の解法を教えるための教材解釈によるものです。

渡り終わり　　　　　　　　　　　　　　　　　　　　　　渡り始め

　読者の皆さんは，上の鉄橋を遠くから見ている人として，「通過算」の解法を理解しておられることと思いますが，この電車に乗っている客として通過時間を考えてみると，最初に子どもたちが考えた10秒という答えが間違いであるとは言えなくなってくるのです。

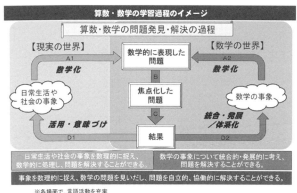

　算数の問題は答えが１つに決まるはずで，「文脈」によって答えが変わるということは信じられないことかもしれませんが，本書の*p.*108などで紹介している「算数・数学の問題発見・解決の過程」のＡ１：「数学化」では，本来，このような**「文脈の決定」**が行われているはずなのです。

角度を使って
正多角形を作図しよう！

> 　定規と分度器を使う正多角形の作図を考えます。1つの内角を求めて作図する方法と，円をもとにして中心のまわりの角を使って作図する方法がありますが，角度を変えると，星型正多角形の作図も経験できます。

　□の中に，60，90，108，120，135，144，150などを入れると，1辺の長さが5cmのいろいろな正多角形を作図することができます。

①5cmの直線をかく。

②□°を測って5cmの直線をかく。

③はじめのところにもどるまで，①，②を繰り返す。

　そして，①〜③の命令を繰り返せば正多角形がかけそうだと気づくところは，算数科にふさわしいプログラミング的思考の育成場面だとされています。

　上の作図方法だと，分度器で角度をとったり，5cmの直線を引いたりするところで誤差が生じ，かき始めたところに戻らないこともよくあります。

　そこで，もう1つの，円を使って正八角形を作図する方法を考えます。

　360 ÷ 8 = 45から，⑦の角を45°ずつとって，円のまわりを区切って，右の図のように結ぶと，正八角形が作図できます。正八角形以外の正多角形も，このような方法で作図して，このページの上の方法でかいた正多角形と比べてみると，5年の数学的活動が豊かなものになります。

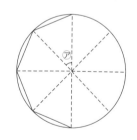

　さて，ここからは，発展教材としての扱い方についてお話しします。

　定規と分度器を使った作図ができるようになるのは，5年ではなくて，4年です。それでは，4年の発展教材として，上の②に示した□の中に45を入れて作図してみると，どのような図形が作図されるでしょうか。

　次の図は円形ジオボードの中にかいていますが，②の□の中に，45を入

れて作図すると，右：上のような星形正八角形が
作図されます。

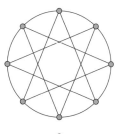

　正八角形の1つの内角は135°ですから，この
星型正八角形のまわりの角（45°）はこれを3等
分していることがわかります。

　②の□の中に，36を入れて作図すると，どの
ような図形が作図されるでしょうか。答えは，
右：中の図のような星形正五角形です。この場合
も，正五角形の1つの内角は108°ですから，こ
の星形正五角形のまわりの角（36°）はこれを3
等分しているのです。

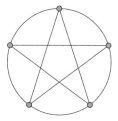

　②の□の中に，30を入れて作図すると右：下
の図のようになります。

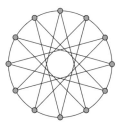

　ここからは，星形正多角形について解説します。
円周上に等間隔に m 個の点をとり，その点から，
時計の反対周りに n 番目の点を順に結んでかい
た，（星形を含む）正多角形を正（m，n）角形と
定義します。右上に示した星形正多角形は，上から正（8，3）角形，正
（5，2）角形，正（12,5）角形です。もちろん，前ページに示した正八
角形は正（8，1）角形で，1つの内角が108°の正五角形は正（5，1）
角形です。中学校2年で学習する n 角形の内角の和の $180 \times (n - 2)$ とい
う公式は，（n，1）角形に対するものなのです。$n = 5$ のとき，$180 \times (5$
$- 2) \div 5 = 108$ という計算によって，正五角形の1つの内角が求まります
ね。

　正（5，2）角形が含まれる星形（n，2）角形のまわりの n 個の角の和
は，$180 \times (n - 4)$ になります。ですから，星形正五角形のまわりの角は
$180 \times (5 - 4) \div 5 = 36$ で，作図したときの角度と一致していることが確
かめられます。

正多角形を
対称性から分類すると？

6 年の図形領域の学習に，「対称な図形」があります。5 年で学習した「正多角形」は整った形と言われますが，線対称や点対称の観点から分類してみると，どのように整っているのかがわかってくると思います。

　１つの直線を折り目にして折ったとき，ぴったり重なる形を線対称な図形といい，その直線を「**対称の軸**」といいます。

　対称の軸で折って重なる点や辺や角を，それぞれ対応する点，対応する辺，対応する角といい，右の図のような線対称な図形では，対応する２つの点を結ぶ直線は対称の軸と垂直に交わります。また，この交わる点から対応する２つの点までの長さは等しくなっています。

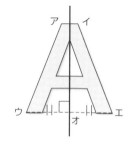

　１つの点を中心にして，180°回転したとき，もとの図形にぴったり重なる図形を点対称な図形といい，この点を「**対称の中心**」といいます。

　対称の中心のまわりに180°回転して重なる点や辺や角を，それぞれ対応する点，対応する辺，対応する角といい，右の図のような点対称な図形では，対応する２つの点を結ぶ直線は対称の中心を通ります。また，対称の中心から２つの点までの長さは等しくなっています。

　さて，線対称や点対称の定義を確認しましたので，ここからは，5 年で学習した「整った形」である正多角形について，線対称と点対称の観点から考察していきましょう。

まず，正三角形と正五角形は，右の図のように線対称ですが，点対称ではありません。また，対称の軸は正三角形が3本で，正五角形は5本あることがわかると思います。

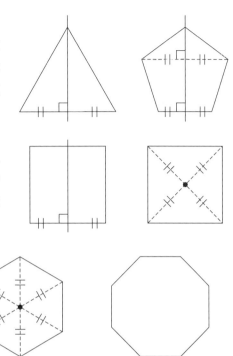

正方形・正六角形，そして正八角形は線対称でもあり，点対称でもあります。対称の軸の数も調べましょう。

表にまとめると次のようになります。未記入の欄を埋めて完成させてください。正八角形については，上：右の図に対称の性質を書き入れましょう。

	線対称	対称の軸の数	点対称
正三角形	○	3本	×
正方形	○	4本	○
正五角形	○		×
正六角形	○		○
正八角形			

正多角形は他にもあります。n 本の辺をもつ正 n 角形の n が偶数か奇数かによって，結果がどのようになるでしょうか。

「式に表すこと」と「式を読むこと」

5年「□や△を使った式」の学習に続いて，6年の「文字と式」という単元でも，中学校数学での文字式の正式な学習につなげる数学的活動が期待されます。多様な式表現と式の読みについて考えていきましょう。

　6年「文字と式」では，文字の x, y, A などが指導され，$12 \times x = y$ や $12 \div x = y$ など，比例や反比例の学習にかかわった式指導も求められます。ここでは，そのような中心的な指導内容とは別に，pp.108-109で取り上げた「棒を使って正方形をつくって横に並べていく場面」に関する多様な式表現と，それらの式に対する読みの指導について，さらに深めていきます。

　右のように棒を並べて正方形を4個つくったときの棒の数を調べよう。

という問題に対して，次に示すような，多様な式が発表されることでしょう。

$$1 + 3 \times 4 = 13 \quad \cdots ① \qquad 4 + 3 \times 3 = 13 \quad \cdots ②$$

$$4 \times 4 - 3 = 13 \quad \cdots ③ \qquad 4 \times 2 + 5 = 13 \quad \cdots ④$$

　①と②の式の網かけ「3」は，カタカナの「コ」の字のような形が右に並んでいくことを意味しています。このような式をつくることを**「式表現」**，そして，このような式の意味を考えることを**「式の読み」**といいます。

　考えたことを式に表すことは大切であり，これまでの指導では「式表現」が重視されてきました。しかしながら，思考と表現は表裏一体であり，思考から表現への変換が「式表現」であるなら，表現から思考への変換も式指導の対象となることが想定できます。これが「式の読み」であり，ある子どもが③や④の式を発表したら，別の子どもにこの式を読み取らせると，面白い

学習になってきます。

　③の式の網かけ「3」は（4 − 1）のことで，4本の棒で正方形を4個つくった後で，重なっている棒の（4 − 1）本をひくことを意味しています。④の式の網かけ「5」は（4 + 1）のことで，たてに置いている棒の数を意味しています。

　さて，正方形が4個のときだけではなく，何個のときでも棒の数を表せるようにするのが文字式であり，5年では，①～④の式を次の表の左のように，□と△で表しました。6年では文字を指導するため，正方形が x 個のときの棒が y 本になることを，表の中央に示しています。表の右には，中学校1年で学習する文字式による表現を示しておきます。

5 年で学習する式	6 年で学習する式	中学校 1 年で学習する式
$1 + 3 \times \square = \triangle$	$1 + 3 \times x = y$	$1 + 3x = y$
$4 + 3 \times (\square - 1) = \triangle$	$4 + 3 \times (x - 1) = y$	$4 + 3(x - 1) = y$
$4 \times \square - (\square - 1) = \triangle$	$4 \times x - (x - 1) = y$	$4x - (x - 1) = y$
$\square \times 2 + (\square + 1) = \triangle$	$x \times 2 + (x + 1) = y$	$2x + (x + 1) = y$

　中学校1年では，文字式の規約に基づいて，

　$1 + 3x$，$4 + 3(x - 1)$，$4x - (x - 1)$，$2x + (x + 1)$

という式に表されることを学び，さらに，「同類項にまとめて式を簡単にする計算の仕方」によって，いずれも，$3x + 1 = y$ という答えになることを知ることになります。

　式表現が多様に考えられるということは，数学的活動が豊かになっていくことにつながります。pp.134-135では，この事象をさらに発展させて，正方形を正三角形や立方体に変えて考えたり，1段ではなく2段にして棒の数を表したりする特設教材について検討していますので，本ページからの発展として参考にしてください。

計算方法を教え込むだけなら道具的理解？

> 「分数×分数」では，「分子は分子，分母は分母でかけ合わせて答えの分子と分母にする」という方法を覚えておけば，かけ算九九だけでできることになります。しかし，それだけで理解しているといえるでしょうか？

　本書の $pp.72-73$ でも，かけ算九九を正しく覚えていれば答えが合う例を挙げています。それは，[長方形の面積＝たて×横] という公式を覚えておけば，たての長さと横の長さが与えられた長方形の面積を正しく求めることができるというものでした。そこでは，イギリスのスケンプという心理学者が，公式を使って答えが正しく出せるというのは，**「道具的理解」**であって，本当の理解は，（他の知識と関係づける）**「関係的理解」**であると主張したことを紹介しています（スケンプ著，平林監訳，1992）。

　以下では，「分数×分数」についての導入問題とその構造を示す図を示しておきます。

---

　1 dL のペンキでかべを $\dfrac{5}{6}$ m² ぬれました。このペンキ $\dfrac{2}{3}$ dL でかべを何 m² ぬれますか。

　この問題に対する「立式」と「解法」を説明するためには，「分数×分数」

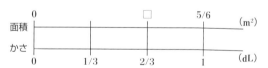

の学習の前に，「分数の乗除」に関するどのような既習があるのかを見ておく必要があります。実は，この問題の前に，次の囲みの３つの問題を扱うことが一般的です。これらの既習事項をもとにして，「分数×分数」の「立式」と「解法」について説明します。

○分数×整数「1 dL のペンキでかべを $\frac{5}{6}$ m^2 ぬれました。このペンキ 2 dL でかべを何 m^2 ぬれますか」

　「立式」$\frac{5}{6} \times 2$　「解法」前ページの図に 2 dL のところを追加します。

○分数÷整数「2 dL のペンキでかべを $\frac{5}{6}$ m^2 ぬれました。このペンキ 1 dL でかべを何 m^2 ぬれますか」

　「立式」$\frac{5}{6} \div 2$　「解法」前ページの図に 2 dL のところを追加して，$\frac{5}{6}$ を入れたうえで，1 dL のところを求めます。

○分数×単位分数「1 dL のペンキでかべを $\frac{5}{6}$ m^2 ぬれました。このペンキ $\frac{1}{3}$ dL でかべを何 m^2 ぬれますか」

　「立式」$\frac{5}{6} \times \frac{1}{3}$　「解法」前ページの図の $\frac{1}{3}$ dL のところを求めます。

「立式」「$\frac{5}{6} \times 2$」や「$\frac{5}{6} \times \frac{1}{3}$」と同じように（類推的に）考えて，

「$\frac{5}{6} \times \frac{2}{3}$」と立式します。

「解法」（$\frac{1}{3}$ dL 分の 2 倍の考え方）　（2 dL 分を 3 でわる考え方）

$$\frac{5}{6} \times \frac{2}{3} = \frac{5}{6} \times \frac{1}{3} \times 2 \qquad\qquad \frac{5}{6} \times \frac{2}{3} = \frac{5}{6} \times 2 \div 3$$

$$= \frac{5}{6} \div 3 \times 2 \qquad\qquad\qquad = \frac{5 \times 2}{6} \div 3$$

$$= \frac{5 \times 2}{6 \times 3} \qquad\qquad\qquad\quad = \frac{5 \times 2}{6 \times 3}$$

　このように，「分数の乗除」の学習に一貫する図を使えるようにしておくことが，「分数×分数」，あるいはそれに続く「分数÷分数」（本書では pp.94-95 で「小数÷小数」と関連させて解説しています）の計算の仕方についての「関係的理解」を実現させるために大切になってくると思います。

〈参考文献〉
・スケンプ著，平林一榮監訳（1992）『新しい学習理論にもとづく算数教育　小学校の数学』東洋館出版社

方眼紙を使って導入して 中学校数学「相似」につなげる！

6年「拡大図と縮図」を学習して，中学校3年で「図形の相似」を学習します。
この2つの学習は密接に関連していて，いわゆる「スパイラル教材」になっています。

右の図は，方眼紙の左上にかいてある四角形の2倍の拡大図を下に，$\frac{1}{2}$の縮図を右にかいています。

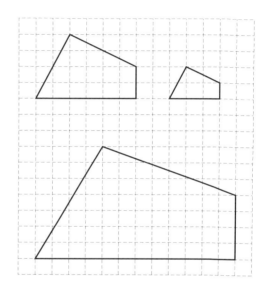

問題設定にあたっては，与える図形に注意が必要です。拡大図をかく場合は，方眼紙に入るかどうかを注意するだけでよいですが，$\frac{1}{2}$の縮図をかく場合には，たてと横に偶数個の方眼を進むように辺をかいておかないといけません。$\frac{1}{2}$の縮図の各頂点が方眼紙の格子点上にある方が，導入問題としてはわかりやすいからです。

「合同な図形」は「形が同じで大きさも同じ図形」ですが，「拡大図や縮図」は，「形が同じで大きさのちがう図形」になります。そして，対応する辺の長さの比がすべて等しく，対応する角の大きさは等しくなります。

$\dfrac{1}{3}$ の縮図をかくときには，たてと横に 3 の倍数ずつ方眼を進むような辺をもつ図形にしておくといいでしょう。右の図の左にかいている四角形は，その意図でかいており，その右が縮図です。右の四角形をもとにすると，左の四角形が，3 倍の拡大図にあたります。

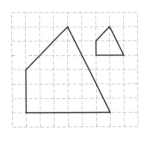

さて，方眼紙ではなく白紙の上に，四角形 ABCD の 2 倍と 3 倍の拡大図と，$\dfrac{1}{2}$ の縮図をかいてください。

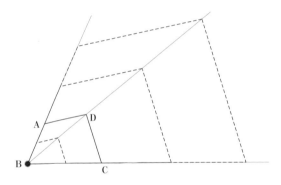

一般の三角形や四角形の拡大図や縮図をこのようにしてかくことが，中学校 3 年で学習する「図形の相似」へのアプローチになります。上の図は，点 B を相似の中心として，対応する辺の長さの比が 2 倍，3 倍，$\dfrac{1}{2}$ 倍の相似な四角形をかいていますが，四角形 ABCD の次のような点を相似の中心としても，相似な図形がかけることを確かめてみてください。

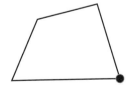
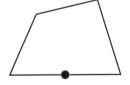
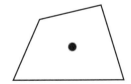

日常の事象との
関連の宝庫！

> 5年「簡単な比例」と6年「比例」の学習では，比例の定義や性質，そして，グラフを学習するために好都合な事象と，日常生活の中で比例の考えを使ってうまく解決できる事象とを使い分けていくとよいでしょう。

　まず，比例の定義や性質，そして，グラフを学習するために好都合な事象について紹介していきます。

　「理科室にある水そうに，1分あたり6cmたまるように水を入れたときの時間x分と水の深さ$y$cmの関係を調べましょう」という問題に対して，次のような表を作成します。

時間 x（分）	1	2	3	4	5	6 …
水の深さ y(cm)	6	12	18	24	30	36 …

　蛇口から出る水の量を調節すると，1分あたりに入る水の深さは多様に変えることができます。また，同じペースで水を入れていくと，2分後に2倍，3分後に3倍の深さになっていくことがわかりやすい事象だと思います。

　さらに，比例のグラフをかいていくときにも，1分，2分，3分という整数値だけではなく，点と点の間を直線で結んでいくうえでも好都合な事象だといえます。というのは，時間（分）と水の深さ（cm）は，ともに連続量であり，どこまでも小さい量が存在するものだからです。

　それに対して，次のような比例関係を考えてください。

　「くぎの本数x（本）と全体の重さy（g）の関係を調べましょう」

くぎの本数 x(本)	0	50	100	150	200	…
全体の重さ y（g）	0	200	400	600	800	…

この事象だと，前ページのような比例の定義や性質を確かめるのに，あまり都合がよくありません。x が 2 倍，3 倍のとき，y も 2 倍，3 倍になっているという確認も難しいですね。もちろん，くぎの 1 本，2 本の重さを量っていくことはできますが，ホームセンターでも，1 本ずつではなく，50 本や100本ずつ袋に入れて売っているのではないでしょうか。

　この事象の場合，グラフを直線で結ぶのも不適切です。それは，x にあたる量が，連続量ではなく分離量としてのくぎの本数であり，1.2本とか2.5本という値がないからです。

　このように，「くぎの本数 x（本）と全体の重さ y（g）の関係」は，比例の定義や性質，そして，グラフを学習するためには不都合も多いのですが，日常生活の中で，くぎの重さから本数が求まるよさが実感できる事象でもあるということに注目してください。

　ホームセンターでくぎを袋に入れているときに使われているのは，くぎの重さから本数が求まるという比例の考えであり，1 本 1 本数えて袋に入れているはずはありません。また，買って10年以上も経っているたくさんのくぎを道具箱から出して，このくぎを50本使いたいとき，200g の重さのくぎを量ればいいのです。この場合，古いくぎですから，錆が出ていて，手で触りたくないという思いもあるのではないでしょうか。

　はかりで紙の重さを量ったときの「紙の枚数 x（枚）と全体の重さ y（g）の関係」も，同じようなことが当てはまります。

　紙は，1 枚の重さをはかりで量るのが難しいほど軽いですから，100枚や200枚の重さで量るのが普通です。**1 枚 1 枚数えなくても，重さを量ることによって，枚数を数えたときと同じ結果が得られる**ということは，日常生活の中で，比例の考えを活用するよさが実感できるのではないでしょうか。

　比例に比べて反比例を日常生活の事象に活用することは少ないですが，1 つの事象から，比例と反比例の関係をともに見いだすことができる事象についての教材研究を，次項で紹介していきます。

長方形の面積や速さから
見いだされる比例・反比例

> 　比例と反比例をともに見いだせる事象には，どのようなものがあるのでしょうか。長方形の面積や速さの事象に着目して，３つの変数の１つを定数と見ることによって，２つの変数の関係に比例や反比例を見いだしてみましょう。

　長方形の面積の事象を考えます。

> 　たての長さが $6\,\text{cm}$，横の長さが $x\text{cm}$ の長方形の面積を $y\text{cm}^2$ とするときの x と y の関係を調べましょう。

というのが導入問題ですが，これは，右のような封筒から，たてが $6\,\text{cm}$ に折られた便せんを $x\text{cm}$ 取り出すときに，封筒の外に出た便せんの面積を $y\text{cm}^2$ としてイメージすることができます。

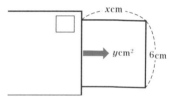

　そして，次のような表にまとめることができるでしょう。

横の長さ x（cm）	1	2	3	4	5	6 …
面積 y（cm^2）	6	12	18	24	30	36 …

　一方，「面積が 12cm^2 の長方形の横の長さを $x\text{cm}$，たての長さを $y\text{cm}$ とするときの x と y の関係を調べましょう」という問題に対してつくる表は，次の通りです。

横の長さ x（cm）	1	2	3	4	6	12 …
たての長さ y（cm）	12	6	4	3	2	1 …

　この表に表れている各長方形の左下の頂点を，グラフの原点に置いて，反

比例のグラフのイメージを示したのが次のグラフです。

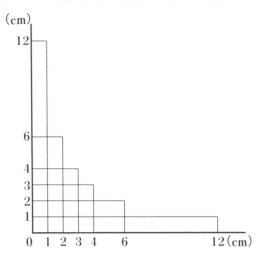

　このページの以下には，「時速40km の自動車が x 時間で $y$km 走る関係」の表を示します。比例の関係の１つの事例となることがわかりますね。

走る時間 x（時間）	1	2	3	4	5	6	…
走る距離 y（km）	40	80	120	160	200	240	…

　これと同じ事象で，今度は走る距離を定数として，「120km の距離を，時速 $x$km の自動車が y 時間走るときの x と y の関係を調べましょう」という問題を考えてみてください。表に表すと，反比例の関係になっていきます。

時速 x（km/ 時）	10	20	30	40	60	120	…
走る時間 y（時間）	12	6	4	3	2	1	…

　時速は「異種の２量の割合」としての「度」であり内包量の１つですが，理論上は連続量であり，整数だけでなく小数，あるいは実数に対応する数値が存在します。ということは，なめらかな曲線としての反比例のグラフ表現ができることになります。比例と反比例を同じ事象で学習すると，この単元を通して，興味・関心をもちながら学習することができると思います。

序列化できない多様性

6年「場合の数」で学習する「組み合わせ方」について，解法の多様性を中心とした教材研究の一端を紹介します。子どもたちから発表される多様な解法を，序列化することができるかどうかも考えていきます。

小学校で実際に起こる事象から問題をつくってみました。

私たちの小学校では，1年から6年までの学年対抗で玉入れ大会をしています。どの学年も他の学年と1回ずつ試合をするとき，全部で何試合になるのでしょうか。

組み合わせ方の問題ですが，4チームや5チームで総当たりの試合をする問題（4チームのときは6試合，5チームのときは10試合になります）は，教科書などにもよく出ていますが，6チームの場合はあまり扱われていませんので，ここでは，1年から6年までの6チームが総当たりの試合をする場合を取り上げました。

対戦表をつくってみると，5 + 4 + 3 + 2 + 1 ＝15で15試合とわかります。

	1 年	2 年	3 年	4 年	5 年	6 年
1 年		○	○	○	○	○
2 年			○	○	○	○
3 年				○	○	○
4 年					○	○
5 年						○
6 年						

この表の中の左下半分は，右上半分と同じ試合を示していますので，右上半分の試合数を数えていけばいいのです。

5 + 4 + 3 + 2 + 1 ＝15という式は，次ページにも出てきます。

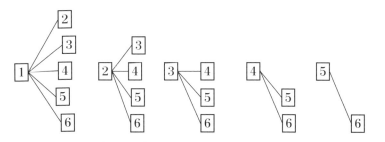

これは，樹形図という考え方です。

右に示しているのは，六角形の図をもとにして，対角線を引いていく方法です。これらのどの方法によっても，$5 + 4 + 3 + 2 + 1 = 15$という式によって，15試合という答えが出てきます。

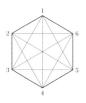

ここまで3通りの方法を示してきましたが，どの方法が優れているという判断をすることはできません。（古藤他，1998）では，このように，序列化できないような多様性を，**「独立的な多様性」**としています。

さて，この15試合をどのように実施したらよいでしょうか。月曜日から金曜日までの昼休みに1日3試合ずつ実施すると，次の表のように15試合を実施できそうです。このような計画にも「場合の数」の学習は活かされているのです。

曜日	第 1 試合	第 2 試合	第 3 試合
月曜日	1 年－ 2 年	3 年－ 4 年	5 年－ 6 年
火曜日	1 年－ 3 年	2 年－ 5 年	4 年－ 6 年
水曜日	1 年－ 4 年	2 年－ 6 年	3 年－ 5 年
木曜日	1 年－ 5 年	2 年－ 4 年	3 年－ 6 年
金曜日	1 年－ 6 年	2 年－ 3 年	4 年－ 5 年

〈参考文献〉
・古藤怜・新潟算数教育研究会（1998）『コミュニケーションで創る新しい算数学習　多様な考えの生かし方まとめ方』東洋館出版社

いろいろな場面から
代表値のよさを味わおう！

6年「記録の整理」では，代表値として中央値や最頻値を指導することになりました。日常のいろいろな場面で，平均値だけではなく，中央値や最頻値のよさに気づけるような学習を計画していきましょう。

次のような問題を考えましょう。

○○市では，2週間にわたって米の収穫を祝う秋祭りを開催しています。△△さんの町内会では，お客さんに収穫した新米を味わってもらうために，弁当を販売していますが，1週間目の弁当の売れ行きを参考にして，2週間目の弁当をどれくらい用意するかを考えています。

　天気によって，売れ行きが変わることは考えないことにして，月曜日に用意する弁当の数を考えましょう。

1週間目の弁当の売れ行きは，次の表の通りでした。

単位（個）

月	火	水	木	金	土	日	合計
30	21	24	29	26	45	70	245

　合計は245個なので，1日分の平均値は245÷7＝35（個）ですが，平日の月曜日に35個用意すると，売れ残ってしまうことが心配です。というのは，1週間目の週末の土曜と日曜は人出が多く弁当がたくさん売れたことが影響しているのが明らかだからです。土曜は天気が悪かったのか売れ行きがよくなかったようですが，日曜日の70個というのは休日だからです。

　平日の5日間の平均値は，（30＋21＋24＋29＋26）÷5＝130÷5＝26（個）ですから，これを参考にした方が適切だといえましょう。

　ここまでは，5年「平均」に関する教材研究です。6年「記録の整理」

では，ドットプロットや柱状グラフから代表値の意味に気づかせます。

　さて，ドットプロットをもとに代表値の意味に気づかせるために，1週間目の日曜日に弁当が70個売れたことに注目します。この日の売り上げが42000円だったことから，弁当1個の値段の平均値は600円になります。

　2週間目の週末の土曜日や日曜日に弁当をどのように用意したらいいかを考えたとき，600円の弁当をたくさん用意すべきなのでしょうか。

　△△さんは，1週間目の日曜日に売れた70個の弁当の値段を詳しく調べることにしました。次の表が，売っていた弁当の値段と売れた個数です。

単位（個）

400円	500円	600円	700円	800円
22	8	9	10	21

　平均値と中央値は600円ですが，最頻値は400円です。そして，800円の弁当も最頻値に迫るほど数多く売れています。

　代表値をもとにした，このような検討を行うと，600円の弁当をたくさん用意するという判断は，間違っていることがわかります。平均値や中央値である600円の弁

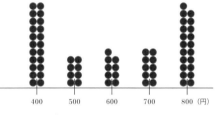

当は，400円や800円の弁当に比べて，あまり売れていないのです。

　ここからは，このデータから推測できる原因などを考えてみます。

　土曜日や日曜日は，学校が休みなので，小学生や中学生もたくさんお祭りにやってきます。子どもたちは，一番安い400円の弁当を買うのではないでしょうか。一方，収穫された新米を食べようとやってきた大人たちは，800円と高価な弁当でも，「値段が高い弁当はおかずもおいしいはずだ」「せっかくお祭りに来たのだからリッチな弁当にしよう」という気持ちから買っていったのかもしれません。

　ここでは，最頻値のよさに焦点を当てましたが，平均値と中央値が異なるようなデータをもとにして，**中央値のよさ**に気づかせていくことも大切です。

柱状グラフは
棒グラフとどこが違うの？

6年「記録の整理」で学習する柱状グラフ（ヒストグラム）は，3年で出てきた棒グラフとよく似ていますが，どのような違いがあるのでしょうか。学級の子どもたちの通学時間を調べたテータをもとに検討しましょう。

　次のような公立小学校の6年生の通学時間のデータと，国立の附属小学校6年生の通学時間のデータには，どのような特徴があるのかを調べます。

公立小学校 6 年○組の通学時間（分）

4	38	14	22
9	3	19	10
21	11	2	15
6	20	28	8
32	3	9	14
8	19	4	6
18	13	12	2
14	23	16	25
7	4	5	12
17	9	11	7

附属小学校 6 年△組の通学時間（分）

12	29	18	58
28	36	25	7
42	4	37	43
34	48	16	17
6	14	32	31
30	20	9	12
13	35	26	37
27	8	11	26
32	24	38	11
14	34	33	23

　度数分布表と柱状グラフを次ページに載せておきます。「正」の字を使って度数を数えていくところや縦長の長方形の形でグラフに表すところは棒グラフとよく似ているのですが，横軸の取り方がまったく異なっています。

　棒グラフの場合は，pp.48-49のように，図書室で借りた本のジャンルや保健室で調べたけがの種類ごとの人数であり，横軸は事物です。それに対して，柱状グラフの横軸は，この場合は時間（分）であって連続量です。ですから，階級と階級の間隔を空けずにかいて，分布を表しているわけです。

公立小学校 6 年○組の通学時間（分）	
0 以上 ～ 5 未満	7
5 ～ 10	10
10 ～ 15	9
15 ～ 20	6
20 ～ 25	4
25 ～ 30	2
30 ～ 35	1
35 ～ 40	1
合計	40

附属小学校 6 年△組の通学時間（分）	
0 以上 ～ 5 未満	1
5 ～ 10	4
10 ～ 15	7
15 ～ 20	3
20 ～ 25	3
25 ～ 30	6
30 ～ 35	7
35 ～ 40	5
40 ～ 45	2
45 ～ 50	1
50 ～ 55	0
55 ～ 60	1
合計	40

6年で指導する代表値も示しておきます。公立小学校の場合，徒歩で通学している様子が表れているように思います。

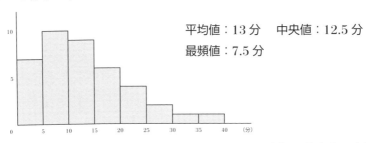

平均値：13分　中央値：12.5分
最頻値：7.5分

附属小学校の場合，徒歩通学だけでなく，バスや電車通学もある様子が表れています。

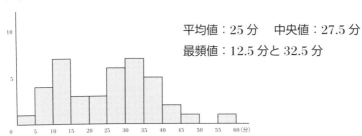

平均値：25分　中央値：27.5分
最頻値：12.5分と32.5分

棒を使って正方形をつくる
場面の発展可能性とは？

5年「□や△を使った式」と6年「文字と式」でも取り上げた「棒を使って正方形をつくって横に並べていく場面」を発展させて，数学的活動を豊かにしていく教材研究について考えていきましょう。

右のように棒を並べて正方形をつくって
横に並べていきます。

正方形の数と棒の数の関係を調べましょう。

という問題に対して，小学校5・6年，中学校1年のレベルで学習する文字式による解決結果を表にまとめました（*pp.*118-119①〜④式を参照）。

5年で学習する式	6年で学習する式	中学校1年で学習する式
$1 + 3 \times □ = △$	$1 + 3 \times x = y$	$1 + 3x = y$
$4 + 3 \times (□ - 1) = △$	$4 + 3 \times (x - 1) = y$	$4 + 3(x - 1) = y$
$4 \times □ - (□ - 1) = △$	$4 \times x - (x - 1) = y$	$4x - (x - 1) = y$
$□ \times 2 + (□ + 1) = △$	$x \times 2 + (x + 1) = y$	$2x + (x + 1) = y$

式表現が多様に考えられるということは，数学的活動が豊かになっていくことにつながります。

ここでは，この事象をさらに発展させて，1段ではなく2段にしたときの棒の数を表す式表現を考えていきましょう。この場合は，次のような多様な式表現が得られるでしょう。

$$2 + 5 \times 4 = 22 \qquad \cdots ⑤$$

$$7 + 5 \times 3 = 22 \qquad \cdots ⑥$$

$$4 \times 2 \times 4 - (2 \times 3 + 4 \times 1) = 22 \qquad \cdots ⑦$$

$$2 \times (4 + 1) + 4 \times (2 + 1) = 22 \quad \cdots \text{⑧}$$
$$2 + 4 + \boxed{2} \times 2 \times 4 = 22 \quad \cdots \text{⑨}$$

 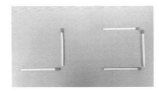

　⑤と⑥の式の網かけ「5」は上：左の写真の形の棒の数を意味していま
す。また，⑨の式の網かけ「2」は上：右の写真の，左の形の棒の数を意
味しています。いずれも，①と②の式の網かけ「3」（上：右の写真の，右
の形の棒の数）との類比が際立っています。

　「正方形でなかったら」 と考えて，「正三角形」
を横に並べた場合や「立方体」の棒の数を調べる
ことも，発展的な学習として興味深いものです。
いずれも，①〜④の式からの類推によって，多様
な「式表現」と「式の読み」を取り入れた発展的な学習が展開されることで
しょう。

　最後に，発展教材として，中学校数学以上のレベルの研究を紹介します。
前ページで正方形を2行4列に並べた場合を例示しましたが，これを一般
化して，m 行 n 列にして正方形の数を mn 個にしたら，棒の数は m, n を用
いると次のように表されます。

$$n + m\,(1 + 2n) \qquad\qquad 1 + 3n + (m - 1)\,(1 + 2n)$$
$$4mn - (m - 1)\,n - m\,(n - 1) \qquad (m + 1)\,n + m\,(n + 1)$$

　はじめの2つの式に出てくる「$1 + 2n$」の意味は，どのようなことでし
ょうか。これらの式を簡単にすると $m + n + 2mn$ と統合できますが，上
の⑨の式から類推すると，この式が直接得られることに気づけます。私は，
中学校3年ぐらいでこのような発展的な学習に取り組める生徒を増やした
いと思います。そのためには，**小学校高学年から，思考力や表現力を本格的
に育てる**ことが肝心です。

「立方体の切り分け」から学ぶ
What if not?

「～でなければどうか？」（*What if not?*）という問題設定の方法があり，これは，教材の開発方法としても重要です。*What if not?* を学ぶために，「立方体の切り分け」を典型的事例として紹介していきましょう。

　表面を青くぬった1辺の長さが3 cm の立方体を，右の図のように，$\frac{1}{3}$ に切ります。
　1辺の長さが1 cm の小さい立方体が，何個できますか。

　1辺の長さが1 cm の小さい立方体は全部で27個できます。表面を青くぬるということを使った問題として，次のようなものがあります。

　「1辺の長さが1 cm の小さい立方体27個の中で，青い面が3面のものはいくつあるでしょう」

　答えは8個ですが，正しく答えられたとしてもそれで問題解決を終わらせてはいけません。答えを得ることだけが問題解決ではないのです。「なぜ8個とわかったのですか？」と発問してください。子どもたちは，どのような理由を思いつくでしょうか。思考力や表現力が養われる授業になります。

　さて，ここからが *What if not?* の出番です。**「小さい立方体の中で，青い面が3個のものはいくつあるでしょう」**という問題のどこかを変えて，新しい問題をつくるのが *What if not?* なのです。子どもたちに，どのような問題ができたか問いかけてみると，「青い面が3個」というところを変えて，「青い面が2個」「青い面が1個」の立方体がいくつあるかという問題をつくることでしょう。「青い面が4個以上の立方体はない」ということを考えながら問題をつくるはずです。これも立派な思考力です。「問題をつくる」

ということを算数・数学教育では「問題設定」と言います。問題解決だけではなく、問題設定の学習でも、思考力や表現力の育成が可能であり、問題設定を手軽に行う方法が *What if not?* なのです。

青い面が2個の立方体は12個で、これは立方体の辺の数だけあります。青い面が1個の立方体は、各面の真ん中に1個ずつありますから、全部で6個です。このようにして、右の表ができあがります。この表で

青い面の数	小さい立方体の数
1 個	6 個
2 個	12 個
3 個	8 個
合計	27 個

は、1つの段を空欄にしていますが、初めからこの欄をつくっておくのはよい指導ではありません。「合計27個のはずなのに、小さい立方体が1個たりません」という気づきの中から、「青い面が0個の小さい立方体が、真ん中に1個あります」という子どもの発言が出た後で、この欄を追加するのがよい指導だと思います。

「$\frac{1}{3}$に切る」を「$\frac{1}{4}$に切る」に変えた場合を右の図は示しています。青い面が3個の立方体は8個で変わりません。青い面が2個の立方体は24個になり、青い面が1個の立方体も24個あります。内部にある、青い面が0個の立方体は8個です。

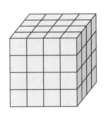

右の写真は、立方体を正四面体に変えて、$\frac{1}{3}$に切ったときの図を示しています。小さな正四面体だけではなく、正八面体もできるため、そこをあえて違う色で示しています。

What if not? をしてみて、立方体の場合に小さな立方体が27個できたので、正四面体の場合も、小さな正四面体が27個できるのではないかという類推による予想が外れる例になっているのです。

おはじきのちらばりを数値化！

> 正答が何通りにも可能になるように条件づけられたオープンエンドの問題の中でも最も有名な問題が「おはじきのちらばりの問題」です。「数値化の問題」（*How to measure*）の特質について見ていきましょう。

算数・数学科のオープンエンドの問題について，（島田，1995）の中では，大きく次の3つに分けて検討されています（ここでは，A，B，Cとします）。

A：「発見の問題」（How to find）

B：「分類の問題」（How to classify）

C：「数値化の問題」（How to measure）

本書の中でも，随所で，オープンエンドの問題を活用した例を紹介していますので，ここで，A，B，Cに分けながら振り返っておきましょう。

*pp.*28-29「480はどんな数といえるでしょうか？」A

*pp.*58-59「ある三角形と同じ仲間だといえる三角形を探そう」B

*pp.*84-85「4つの4と＋＝×÷を使って0〜9をつくろう」A

*pp.*110-111「立体を分類しよう」B

「角柱や円柱に共通する性質を見つけよう」A

このようにして振り返ると，AとBの例はありますが，Cの例が紹介されていないように思えます。

そこでここでは，（島田，1995，*pp.*39-40）で，Cの典型例とされているものを引用して紹介しておきます。

次の図は，ア，イ，ウの画用紙の上に5個ずつおはじきを落としたところを示しています。

  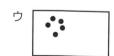

この場合，おはじきのちらばりはア，イ，ウの順に小さくなっていますが，おはじきの「ちらばりの程度」を数で表す方法をできるだけ多く考えなさい。

（島田，1995，pp.39-40）で挙げられている正答は次のようなものです。

・多角形の面積　　　　　　　　・多角形の周の長さ

・２点を結ぶ最大線分　　　　　・線分の和

・任意の点から各点への長さの和

・円などでおおうときの最小の円の半径

・座標の導入による平均偏差，標準偏差などによる方法

ここでは，この中で，「多角形の面積」という正答について考えます。小学校の５年で三角形の面積を学習し，多角形は三角形に分けられるため，この方法でも，ア，イ，ウそれぞれに「〇〇 cm^2」という数値化が可能になります。しかしながら，数学という学問は，１つの場合の例外（これを「反例」といいます）もなく，正しい結果が導かれなければなりません。可能性は小さいですが，おはじきが右のようにちらばったらどうなるでしょう。この場合には，多角形ができないので，「多角形の面積」という数値化は使えないことになります。

それに対して，最後にある「標準偏差」という方法は，高校の数学の中で出てくるものですが，統計学の中の「散布度」の正式な数値化です。この画用紙を xy 平面の第１象限だと考えると，各々のおはじきの位置には x 座標と y 座標が定まり，一直線に並んだ場合にも適用できる方法です。

実は本書の pp.30-31で，長さやかさの任意単位による測定の不十分さから，共通単位や普遍単位を採用したことと似ています。また pp.106-107で，「速さ」や「こみぐあい」の数値化が本来オープンエンドであり，「速度」や「人口密度」が正式な数値化だとお話しした指導場面ともよく似ています。

〈参考文献〉
・島田茂編著（1995）『算数・数学科のオープンエンドアプローチ　授業改善への新しい提案』東洋館出版社

おわりに

　私が，広島大学大学院教育学研究科博士課程後期の中途で，福岡教育大学に助手として赴任したのは，1986年の4月でした。以来，35年目を迎え，本年度の4月から学長を務めております。

　教育学部長時代もそうでしたが，算数教育に関する仕事に当てる時間があまり取れなくなってきています。助手，講師，助教授を務めていた頃，午前中は学部授業，午後は小学校で算数教育研究の指導・助言，そして夕刻からは附属福岡キャンパスで大学院のサテライト授業というように，一日の生活の大部分を算数教育に注ぎ込んでいた時代が懐かしく思い出されます。

　私は，算数教育をライフワークとするにあたって，大変恵まれていました。
　上司の畦森宣信先生からは，算数教育の数学的背景についてご指導いただく機会が数多くありました。そして，先生がお書きになった『ベーシックな考え方』は，大学で算数教育の授業をする際のバイブルのような本でした。もうお一人の上司の山下昭先生とは，いつもおそばで，算数教育の議論をさせていただきました。問題設定の教育的意義への着目は山下先生から教えていただいたことで，先生と一緒に取り組んだオープンエンドの問題の開発は私の研究の基盤になっていきました。

　お二人ともに，算数指導に熱心な小学校の先生方との共同研究を主宰されており，私はその研究チームに入れていただきながら，数多くの有能な算数科の先生方と交流し，算数教育の研究と実践の事実を知ることができました。
　福岡県という土地柄も幸運でした。算数教育を実践的に研究している小学校の先生方の裾野はとても広く，私は，福岡県の各教育事務所管内や，福岡市，そして北九州市などの小学校に出向いていって，授業参観や研究会での講演や指導・助言を数多く担当させていただきました。

10年ほど前，附属久留米小学校校長を務めた頃から，学校運営で忙しく，自分自身が公立小学校にお伺いするのが難しくなり，これまでに自分が得てきた算数教育に関する知識をまとめておきたいと思うようになりました。現場で直接指導できない分，気軽に読める本を出版することができれば，全国の小学校で算数指導に取り組んでおられる皆さんにお読みいただき，指導に役立てていただけるのではないかと思ったのです。

　2017年度に月刊誌『教育科学　数学教育』連載を担当させていただいたご縁もあり，明治図書から算数教育に関する著書出版のお話しをいただき，書きためていたものを整理して，このたび上梓させていただいた次第です。企画・編集から出版まで，赤木恭平様には大変お世話になりました。心から御礼申し上げます。

　最後に，まったく個人的なことになりますが，37年前に亡くなった父と，来年度に米寿を迎える母，そして，日々，私とともに居る妻に感謝します。

福岡教育大学学長

飯田　慎司

【参考文献】

●畦森宣信（1983）『算数教材論　ベーシックな考え方』日本教育研究センター

●飯田慎司（1987）「問題解決のストラテジーの指導」，石田忠男・川嵜昭三編著『算数科問題解決指導の教材開発』，明治図書，*pp.*40-51

●飯田慎司（1990）「シツェーションからの数学的活動における創造性の開発について」，平林一榮先生頌寿記念出版会編『数学教育学のパースペクティブ』，*pp.*151-174

●飯田慎司・九州算数教育研究会（2019）『新訂　算数科教育の研究と実践』日本教育研究センター

●石田忠男・川嵜昭三編著（1987）『算数科問題解決指導の教材開発』明治図書

●宇田廣文・九州算数教育研究会（2009）『改訂　算数科教育の研究と実践』日本教育研究センター

●岡崎正和（2000）「思考の発達段階」，中原忠男編著『算数・数学科重要用語300の基礎知識』，明治図書，*p.*40

●片桐重男（1988）『数学的な考え方・態度とその指導1　数学的な考え方の具体化』明治図書

●國次太郎・九州算数教育研究会（2000）『新・算数科教育の研究と実践』日本教育研究センター

●古藤怜・新潟算数教育研究会（1998）『コミュニケーションで創る新しい算数学習　多様な考えの生かし方まとめ方』東洋館出版社

●小山正孝・飯田慎司他（2019）『小学算数』日本文教出版

●島田茂編著（1995）『算数・数学科のオープンエンドアプローチ　授業改善への新しい提案』東洋館出版社

●数学教育学研究会（1980）『算数教育の理論と実際』聖文社

●数学教育学研究会（1991）『新　算数教育の理論と実際』聖文社

●数学教育学研究会（2010）『新訂　算数教育の理論と実際』聖文新社

●スケンプ著，平林一榮監訳（1992）『新しい学習理論にもとづく算数教育　小学校の数学』東洋館出版社

●中島健三（1981）『算数・数学教育と数学的な考え方　その進展のための考察』金子書房

●中原忠男（1995）『算数・数学教育における構成的アプローチの研究』聖文社

●中原忠男編著（1999）『構成的アプローチによる算数の新しい学習づくり　生きる力を育む算数の学習を求めて』東洋館出版社

●中原忠男編著（2000）『算数・数学科重要用語300の基礎知識』明治図書

●中原忠男編著（2008）『算数科 PISA 型学力の教材開発＆授業』明治図書

●中原忠男編著（2011）『新しい学びを拓く算数科授業の理論と実践』ミネルヴァ書房

●日本数学教育学会編著（1998）『新訂　算数教育指導用語辞典』教育出版

●日本数学教育学会編集（2000）『和英／英和算数・数学用語活用事典』東洋館出版社

●日本数学教育学会編（2010）『数学教育学研究ハンドブック』東洋館出版社

●文部科学省（2018）『小学校学習指導要領』

●文部科学省（2018）『小学校学習指導要領解説　算数編』

●平林一榮（1975）『算数・数学教育のシツエーション』広島大学出版研究会

●平林一榮（1987）『数学教育の活動主義的展開』東洋館出版社

●スケンプ著，平林一榮監訳（1992）『新しい学習理論にもとづく算数教育　小学校の数学』東洋館出版社

●ブラウン，ワルター著，平林一榮監訳（1990）『いかにして問題をつくるか　問題設定の技術』東洋館出版社

●山下昭・橋本吉彦（1988）『進んでいる子を配慮した算数・数学指導』東洋館出版社

●Iida,S., Yamaguchi,T,（2000）*The analysis of Teachers' Views on Teaching and Learning of Mathematics from the Constructivist Perspective*，福岡教育大学紀要，第49号，第4分冊，*pp.*303-312.

●Skemp,R.,R.（1976）*Relational Understanding and Instrumental Understanding*，Mathematics Teaching，**NO.77**.

【著者紹介】

飯田　慎司（いいだ　しんじ）

昭和33年　広島市生まれ
昭和59年３月　広島大学大学院教育学研究科教科教育学専攻
　　　　　　　博士課程前期 修了
昭和61年３月　広島大学大学院教育学研究科教科教育学専攻
　　　　　　　博士課程後期 退学
昭和61年４月～昭和62年３月　福岡教育大学教育学部助手
昭和62年４月～平成２年９月　福岡教育大学教育学部講師
平成２年10月～平成18年３月　福岡教育大学教育学部助教授
平成18年４月～令和２年３月　福岡教育大学教育学部教授
平成22年４月～平成25年３月　附属久留米小学校校長（併任）
平成26年２月～令和２年３月　福岡教育大学副学長
平成27年４月～令和２年３月　福岡教育大学教育学部長
令和２年４月～福岡教育大学学長
〈主な著書〉
『算数科問題解決指導の教材開発』（共著）明治図書
『数学教育学のパースペクティブ』（共著）聖文社
『算数・数学教育学』（共著）福村出版
『達成度からみた算数・数学の授業改善』青山社
〈令和元年度まで務めていた役職等〉
九州数学教育会　会長
日本数学教育学会　理事
〈令和２年７月現在務めている役職等〉
日本教科教育学会　常任理事
九州数学教育学会　会長

〔本文イラスト〕木村美穂

算数科授業サポートBOOKS
若手教師のための算数指導６６の教養

2021年１月初版第１刷刊　©著　者　飯　田　慎　司
　　　　　　　　　　　　発行者　藤　原　光　政
　　　　　　　　　　　　発行所　明治図書出版株式会社
　　　　　　　　　　　　http://www.meijitosho.co.jp
　　　　　　　　　　　　（企画・校正）赤木恭平
　　　　　　　　〒114-0023　東京都北区滝野川7-46-1
　　　　　　　　振替00160-5-151318　電話03(5907)6701
　　　　　　　　　　　ご注文窓口　電話03(5907)6668
＊検印省略　　　　　　組版所　広研印刷株式会社

Printed in Japan　　　　ISBN978-4-18-346321-0
もれなくクーポンがもらえる！読者アンケートはこちらから
→